O vazio da insatisfação

Como encontrar plenitude em Deus em meio o vazio da vida moderna

Daniela Oliveira

Daniela Oliveira

O vazio da insatisfação

Penkal
TUDO EM LIVROS. LIVROS PARA TODOS.

Direção Geral
Adriel Penkal Ribeiro

Coordenador Editorial
Cristiano Braz Jorgini
Giovanna Felipe

Revisão
João Paulo Esteves

Edição
Silas N. Silva
Matheus Barrera

Projeto Gráfico & Diagramação
Eduardo Bueno Rodrigues

Capa
Karim Kusunoki Muraki

Dados Internacionais de Catalogação na Publicação (CIP)
(Câmara Brasileira do Livro, SP, Brasil)

Oliveira, Daniela
O vazio da insatisfação : como encontrar plenitude em Deus em meio o vazio da vida moderna / Daniela Oliveira. -- Londrina, PR : Livrarias Família Cristã, 2025.

ISBN 978-65-277-0289-4

1. Bíblia - Ensinamentos 2. Deus (Cristianismo) 3. Presença de Deus 4. Vida cristã I. Título.

25-254191 CDD-248.4

Índices para catálogo sistemático:

1. Presença de Deus : Vida cristã : Cristianismo 248.4

Eliane de Freitas Leite - Bibliotecária - CRB 8/8415

Esta obra foi desenvolvida pela Editora Penkal.

R. Antônio Sabino, 203 - Parque Industrial - Ibiporã - PR
www.livrariasfamiliacrista.com.br

Nota da Editora
Os livros assinados como Daniela Oliveira são desenvolvidos por nossa equipe de teólogos da Editora Penkal. Utilizamos este nome para representar o trabalho conjunto, sem atribuí-lo a uma única pessoa.

SUMÁRIO

Introdução

Vivemos em um mundo onde a insatisfação parece ser uma companheira constante. A busca por plenitude, segurança e alegria frequentemente nos conduz a caminhos que prometem muito, mas entregam pouco. Nesse cenário, muitos se veem perdidos, cansados de correr atrás de um propósito que parece sempre escapar. Mas e se houvesse um caminho diferente? Um caminho que leva não apenas ao alívio temporário, mas à verdadeira satisfação e paz que perduram?

Este livro é um convite para explorar esse caminho. Não se trata de receitas prontas ou respostas rápidas, mas de um mergulho em verdades eternas que transformam vidas. Aqui, você será guiado a olhar além das circunstâncias passageiras e a descobrir a fonte que nunca seca: a presença de Deus. A cada capítulo, você encontrará reflexões que o ajudarão a identificar as raízes da insatisfação e a substituí-las por uma confiança sólida nas promessas de Deus.

Nosso objetivo é simples, mas profundo: conduzi-lo a uma vida de contentamento, onde o vazio é preenchido pela plenitude que só Cristo pode oferecer. Este é um convite para que você trilhe um caminho de fé, gratidão e esperança, encontrando em Deus tudo o que sua alma anseia. Siga em frente com o coração aberto e prepare-se para descobrir o que significa viver plenamente.

CAPÍTULO 1

A SEMENTE DA INSATISFAÇÃO

Desde os primórdios da humanidade, uma inquietação tem habitado o coração do ser humano. Essa inquietação, muitas vezes sutil e quase imperceptível, se manifesta como uma busca incessante por algo que parece sempre estar além do alcance. É um vazio que nem as maiores conquistas ou os prazeres mais intensos conseguem preencher. A história desse vazio começa no Éden, um lugar onde tudo era perfeito, mas onde a semente da insatisfação foi plantada com a desobediência de Adão e Eva. Desde então, esse sentimento de ausência tem sido uma realidade universal, atravessando gerações, culturas e classes sociais.

A insatisfação, embora comum a todos, assume formas diversas. Para alguns, ela se traduz em uma incessante busca por reconhecimento e sucesso; para outros, na tentativa de acumular bens ou alcançar prazeres efêmeros. O que permanece constante é a sensação de que, mesmo após conquistar o que tanto se desejava, o coração ainda anseia por mais. Esse ciclo vicioso, que nos afasta da verdadeira fonte de contentamento, é a raiz de muitos dos conflitos internos e externos que enfrentamos.

A Bíblia nos oferece um relato claro sobre a origem desse vazio. Em Gênesis 3, lemos sobre a queda do homem, quando Adão e Eva cederam ao desejo de serem como Deus. Esse momento crucial na história humana trouxe não apenas separação espiritual, mas também uma insatisfação constante, como um eco do Éden perdido. Salomão, o homem mais sábio que já existiu, escreveu em Eclesiastes 3:11 que Deus colocou no coração humano o anseio pela eternidade, mas sem que o homem possa compreender plenamente o que ele fez. Essa realidade evidencia que a insatisfação só pode ser verdadeiramente resolvida em Deus.

Neste capítulo, exploraremos como a semente da insatisfação foi plantada e como ela molda nossas vidas. Veremos que, ao reconhecer a verdadeira fonte desse vazio, podemos encontrar um caminho para o contentamento. Que esta jornada leve você a refletir sobre onde tem buscado preencher seu coração e, acima de tudo, a encontrar a verdadeira plenitude na comunhão com Deus.

O SURGIMENTO DO DESEJO INSACIÁVEL

Desde os primeiros momentos da criação, o ser humano foi dotado de uma singular capacidade de desejar. Adão e Eva, criados à imagem e semelhança de Deus, tinham tudo o que precisavam no Éden: provisão, comunhão plena com Deus e harmonia entre si. Contudo, a entrada do pecado trouxe consigo a distorção desse desejo. O que era inicialmente uma expressão saudável de anseio por Deus se transformou em uma busca desordenada e insaciável por satisfação em coisas temporais. Esse fenômeno tem raízes no evento narrado em Gênesis 3, quando o desejo de possuir o que era proibido prevaleceu sobre a confiança no Criador.

O desejo insaciável surge quando o coração humano se desconecta de sua fonte original de contentamento. Sem Deus no centro, passamos a buscar satisfação em outras fontes: bens materiais, conquistas, relacionamentos ou experiências. No entanto, essas coisas, por melhores que pareçam, nunca conseguem preencher o vazio existencial que o pecado deixou. Essa busca incessante é descrita em Jeremias 2:13, onde o povo é repreendido por abandonar a fonte de água viva para cavar cisternas rachadas que não retêm água. O mesmo ocorre conosco hoje: buscamos saciar nossa sede em poços que jamais poderão suprir a necessidade da alma.

É interessante notar que o desejo, por si só, não é algo ruim. Deus nos criou com a capacidade de desejar e buscar. O problema reside no desvio do objeto de nosso desejo. Em vez de anelarmos por Deus e por sua presença, colocamos nossa esperança em coisas que, inevitavelmente, nos decepcionam. Como o apóstolo João advertiu em 1 João 2:16, os desejos da carne, dos olhos e a ostentação dos bens não vêm do Pai, mas do mundo, e esse mundo é passageiro. É nessa troca que se manifesta o desejo insaciável, um ciclo que escraviza e aliena o coração humano.

Quando refletimos sobre o surgimento desse desejo, somos confrontados com a necessidade de reordenar nosso coração. Não fomos feitos para viver de forma fragmentada, sempre em busca de algo que nunca sacia completamente. Jesus declarou em João 6:35: "Eu sou o pão da vida. Aquele que vem a mim nunca terá fome; aquele que crê em mim nunca terá sede." Esta é a resposta para o desejo insaciável: retornar à fonte verdadeira e permitir que Cristo seja o centro de nossa satisfação.

Ao longo deste texto, somos convidados a examinar nossas vidas e identificar onde temos procurado suprir nossas necessidades. Será que, como Eva, temos sido seduzidos por aquilo que parece agradável aos olhos, mas que no fim nos afasta de Deus? Ou estamos dispostos a abandonar os falsos deuses que criamos e redirecionar nossos desejos ao Senhor, a única fonte capaz de preencher o vazio da alma?

A QUEDA DE ADÃO E O VAZIO HUMANO

O relato da queda de Adão e Eva em Gênesis 3 é um marco na história da humanidade, pois introduz o vazio existencial que nos acompanha desde então. Antes do pecado, o ser humano vivia em perfeita comunhão com Deus, desfrutando de harmonia no Éden. Contudo, a decisão de desobedecer trouxe não apenas a separação espiritual, mas também uma lacuna profunda na alma, um vazio que jamais poderia ser preenchido por esforços humanos. Esse evento é o ponto de partida para o sentimento de insatisfação que permeia a vida de cada indivíduo.

A desobediência de Adão e Eva não foi apenas uma transgressão de uma regra divina, mas uma quebra de confiança e relacionamento com Deus. Quando Eva viu que o fruto era "agradável aos olhos e desejável para dar entendimento" (Gênesis 3:6), ela e Adão cederam ao engano da serpente, acreditando que poderiam encontrar algo melhor fora da dependência de Deus. Esse ato de rebeldia lançou toda a humanidade em um estado de insatisfação contínua, como se o coração humano estivesse sempre buscando recuperar algo perdido, mas incapaz de alcançar por si mesmo.

O vazio humano resultante da queda não é simplesmente uma ausência de felicidade; é uma carência profunda da presença de Deus. Paulo descreve essa condição em Romanos 3:23, ao afirmar que todos pecaram e estão destituídos da glória de Deus. Esse estado de alienação é como um buraco em nossa alma, que tentamos preencher com bens, relacionamentos ou realizações, mas que permanece intacto até que voltemos à fonte original da nossa existência. Salomão, em Eclesiastes 1:14, reflete sobre a futilidade das coisas terrenas, dizendo: "Vi tudo o que é feito debaixo do sol; tudo é inútil, é correr atrás do vento."

A queda também trouxe consequências práticas para nossa insatisfação. Desde então, o trabalho, que era um prazer, tornou-se árduo; os relacionamentos, antes harmoniosos, passaram a ser marcados por conflitos; e a morte, antes inexistente, tornou-se uma realidade inevitável. Tudo isso contribui para o sentimento de incompletude que permeia nossa existência. Ainda que tentemos encontrar satisfação em coisas externas, sempre voltamos ao ponto de partida: uma alma inquieta, buscando reconexão com seu Criador.

Apesar das consequências devastadoras da queda, Deus não nos deixou sem esperança. Desde o Éden, ele preparou um plano de redenção, prometendo a vinda de um Salvador que esmagaria a cabeça da serpente (Gênesis 3:15). Em Cristo, encontramos o caminho para restaurar a comunhão perdida e preencher o vazio deixado pelo pecado. Jesus afirmou em João 14:6: "Eu sou o caminho, a verdade e a vida. Ninguém vem ao Pai, a não ser por mim." Ele é a ponte que reconecta o ser humano a Deus, trazendo novamente sentido e plenitude à nossa existência.

À medida que refletimos sobre a queda de Adão e o vazio humano, somos desafiados a reconsiderar onde temos buscado preencher esse espaço. Será que temos nos voltado para coisas que apenas agravam nossa insatisfação, ou estamos dispostos a reconhecer que, fora de Deus, nada pode verdadeiramente satisfazer? Essa é uma questão vital que precisamos enfrentar enquanto caminhamos em direção à restauração completa em Cristo.

O ECO DO ÉDEN PERDIDO

A memória do Éden ainda ressoa no coração da humanidade. Embora o tempo e a história tenham obscurecido os detalhes, há uma recordação latente de um estado de perfeita comunhão com Deus, que permanece gravada em cada alma. Esse eco, um sussurro quase inaudível, nos lembra de que fomos criados para algo muito maior do que aquilo que experimentamos no presente. O Éden perdido não é apenas um evento histórico; é uma realidade espiritual que molda o nosso anseio por plenitude. Desde a queda, a humanidade caminha em busca de algo que, mesmo sem compreender totalmente, sente que perdeu.

Quando Adão e Eva foram expulsos do Jardim, perderam mais do que um lugar físico; perderam a conexão ininterrupta com o Criador. Esse rompimento gerou uma sensação de exílio, de deslocamento espiritual. Paulo reflete essa ideia em Romanos 8:22, onde afirma que toda a criação geme, como em dores de parto, aguardando a redenção final. Esse gemido é uma evidência de que a criação inteira foi afetada pela queda e anseia por restauração. No entanto, enquanto essa redenção plena não chega, o ser humano experimenta o vazio causado pela perda do Éden.

Esse eco manifesta-se de várias maneiras. É visível na busca incessante por significado e identidade, na ânsia por realização e na tentativa de preencher o vazio com coisas passageiras. Muitos, sem perceber, tentam recriar o Éden em suas vidas por meio de conforto, prazeres e segurança, mas descobrem que nada disso satisfaz completamente. O salmista expressa essa sede em Salmos 42:1-2: "Assim como a corça anseia por águas correntes, a minha alma anseia por ti, ó Deus. A minha alma tem sede de Deus, do Deus vivo." Essa sede não é por algo, mas por alguém, uma pessoa divina que pode preencher a ausência deixada pela queda.

Embora o eco do Éden perdido possa parecer uma lembrança dolorosa, ele também é um chamado à esperança. A saudade que sentimos é um lembrete de que fomos criados para habitar em comunhão com Deus, e essa comunhão é restaurada por meio de Cristo. Jesus veio ao mundo para reverter os efeitos da queda e nos conduzir de volta à presença do Pai. Ele afirmou em João 10:10: "Eu vim para que tenham vida, e a tenham plenamente." Essa plenitude é o que a humanidade procura, mesmo que inconscientemente.

Ao reconhecermos o eco do Éden perdido, somos convidados a direcionar nosso anseio para o lugar certo. Não encontraremos paz em substitutos temporais, mas na reconciliação com Deus. Este subtítulo nos desafia a refletir: estamos ouvindo esse eco como um chamado ao arrependimento e à comunhão, ou temos ignorado o clamor de nossa alma? O caminho de volta ao Éden não é físico, mas espiritual. Em Cristo, encontramos não apenas a restauração do que foi perdido, mas também a promessa de um novo Éden, onde habitaremos eternamente com o Senhor.

QUANDO O CORAÇÃO BUSCA NO LUGAR ERRADO

O coração humano, em sua essência, é como uma bússola em constante movimento, sempre buscando um norte. Contudo, desde a queda, essa bússola está descalibrada, inclinada a procurar satisfação em lugares que jamais poderão suprir suas reais necessidades. Jeremias 17:9 afirma: "O coração é mais enganoso que qualquer outra coisa e sua doença é incurável; quem é capaz de compreendê-lo?" Essa natureza corrompida do coração nos leva, muitas vezes, a depositar nossas esperanças em fontes erradas, perpetuando um ciclo de frustração e vazio.

A busca no lugar errado começa quando colocamos coisas criadas no lugar do Criador. Seja por meio do materialismo, do reconhecimento humano ou de prazeres efêmeros, tentamos preencher o espaço que só Deus pode ocupar. O profeta Isaías confrontou essa tendência em Isaías 55:2: "Por que gastar dinheiro naquilo que não é pão, e o seu trabalho árduo naquilo que não satisfaz? Escutem, escutem-me, e comam o que é bom, e a alma de vocês se deliciará com a mais fina refeição." Esse apelo revela a natureza fútil de nossas tentativas de encontrar plenitude fora de Deus.

Um exemplo claro dessa busca está no comportamento de Israel durante sua peregrinação no deserto. Apesar de testemunharem milagres grandiosos, os israelitas constantemente desviavam seu coração, desejando retornar ao Egito, lugar de escravidão, por causa das cebolas e dos alhos (Números 11:5). Esse desejo por algo inferior simboliza a inclinação humana de preferir satisfações temporárias a uma vida plena em Deus. Da mesma forma, hoje, muitos preferem ídolos modernos — dinheiro, status ou prazer — que, apesar das promessas de satisfação, deixam apenas um vazio maior.

Essa busca errada não apenas nos deixa insatisfeitos, mas também nos afasta de nosso propósito original. Deus nos criou para adorá-lo e desfrutar de sua presença, mas o pecado nos desvia, fazendo-nos buscar felicidade em cisternas rachadas, como descrito em Jeremias 2:13. A ironia é que, quanto mais procuramos no lugar errado, mais insaciáveis nos tornamos. Esse ciclo se rompe apenas quando reconhecemos que nossa verdadeira satisfação está em Cristo, que nos convida: "Venham a mim, todos os que estão cansados e sobrecarregados, e eu lhes darei descanso" (Mateus 11:28).

Quando o coração busca no lugar errado, ele carrega o peso de frustrações acumuladas, de sonhos quebrados e de expectativas não correspondidas. No entanto, há uma solução: redirecionar essa busca para Deus, que é a fonte de toda verdadeira alegria. Ele não apenas nos oferece satisfação momentânea, mas nos dá uma paz duradoura que excede todo entendimento (Filipenses 4:7). Por isso, a grande questão que precisamos nos fazer é: onde temos buscado nosso contentamento? Será que estamos depositando nossa confiança em coisas passageiras ou no Deus eterno? A resposta a essa pergunta determinará se vivemos em plenitude ou continuamos a carregar o peso da insatisfação.

CAPÍTULO 2

O CATIVEIRO DO CONSUMISMO

Vivemos em uma era marcada pelo consumismo, onde a busca por bens materiais se tornou um pilar central da sociedade. Diariamente, somos bombardeados por propagandas que prometem felicidade, status e realização em troca de produtos e serviços. Essa cultura do "ter" nos cativa de forma sutil, mas implacável, conduzindo-nos a um ciclo interminável de insatisfação. O coração humano, criado para encontrar contentamento em Deus, é facilmente enganado pela ilusão de que o acúmulo de coisas pode preencher o vazio interior. No entanto, quanto mais adquirimos, mais percebemos que a verdadeira paz continua fora de alcance.

Jesus advertiu sobre os perigos dessa mentalidade em Lucas 12:15, dizendo: "Cuidado! Fiquem de sobreaviso contra todo tipo de ganância; a vida de um homem não consiste na quantidade de seus bens." Essa afirmação revela uma verdade desconfortável: a busca incessante por mais não apenas falha em satisfazer, mas também nos aprisiona. O consumismo não é apenas um comportamento; é uma armadilha espiritual que nos desvia do propósito para o qual fomos criados. Em vez de buscarmos tesouros no céu, como Jesus instruiu, acabamos acumulando tesouros na terra, onde a traça e a ferrugem os corroem (Mateus 6:19-20).

Esse cativeiro é ainda mais evidente quando consideramos o impacto do consumismo em nossas prioridades e relacionamentos. Muitos sacrificam tempo com a família, saúde e até mesmo sua fé em nome de um ideal de sucesso material. A corrida pelo "novo" e pelo "melhor" torna-se uma obsessão, deixando um rastro de exaustão e vazio. A verdadeira liberdade, entretanto, só é encontrada quando reconhecemos que nosso valor não está no que possuímos, mas em quem somos em Cristo.

Neste capítulo, exploraremos como o consumismo se tornou uma força poderosa que escraviza o coração humano. Analisaremos suas promessas vazias e o impacto devastador que ele causa em nossas vidas espirituais e emocionais. Mas também veremos que há uma saída: a liberdade encontrada em Cristo, que nos chama a viver de maneira contracultural, valorizando o que realmente importa. Que este capítulo seja um convite para examinar nossas prioridades e encontrar o verdadeiro contentamento em Deus, a fonte inesgotável de satisfação.

A ILUSÃO DA FELICIDADE MATERIAL

Desde os tempos antigos, o ser humano tem sido seduzido pela ideia de que a felicidade pode ser alcançada por meio de posses materiais. Essa ilusão, promovida pela sociedade de consumo, promete uma alegria duradoura e uma vida plena através do acúmulo de bens. No entanto, a realidade mostra que essa promessa é enganosa. Em vez de preencher o vazio da alma, o materialismo frequentemente aprofunda a insatisfação, criando um ciclo interminável de desejo e frustração. Como disse Jesus em Mateus 6:21: "Pois onde estiver o seu tesouro, aí também estará o seu coração." Esse versículo nos leva a refletir sobre onde realmente estamos depositando nossa confiança e esperança.

A ilusão da felicidade material não é um fenômeno moderno. Salomão, o rei mais rico e sábio de Israel, declarou em Eclesiastes 5:10: "Quem ama o dinheiro jamais terá o suficiente; quem ama as riquezas jamais ficará satisfeito com a sua renda. Isso também é inútil." Sua experiência pessoal evidenciou que a acumulação de bens e riquezas não pode satisfazer as necessidades mais profundas do coração humano. Apesar de seu enorme poder e abundância, Salomão percebeu que tudo o que é puramente material é transitório e incapaz de trazer a verdadeira paz.

Esse engano se intensifica na cultura contemporânea, onde a propaganda e as redes sociais criam uma falsa narrativa de felicidade associada ao consumo. Somos bombardeados por imagens de pessoas sorridentes ao lado de carros luxuosos, casas perfeitas e gadgets de última geração, levando-nos a crer que a aquisição desses itens nos proporcionará a mesma alegria. Contudo, essa busca frequentemente resulta em ansiedade, dívidas e um sentimento crescente de inadequação. A satisfação que essas coisas proporcionam é momentânea, deixando o coração faminto por algo mais.

Além disso, a obsessão por bens materiais pode obscurecer nossa visão espiritual. Jesus contou a parábola do rico insensato (Lucas 12:16-21), que acumulou grandes colheitas e construiu celeiros maiores para armazená-las, acreditando que poderia descansar e aproveitar a vida. No entanto, Deus o chamou de insensato, pois sua vida lhe seria exigida naquela mesma noite, e ele não estava rico para com Deus. Essa história ilustra o perigo de colocar nossa confiança em riquezas que, no fim, não podem nos salvar ou oferecer segurança eterna.

A verdadeira felicidade não está no que possuímos, mas em quem somos em Cristo. Ele nos oferece uma paz que excede todo entendimento e que não pode ser comprada. Quando compreendemos que nosso valor não depende das coisas materiais, somos libertos das correntes do consumismo. Ao invés de buscar tesouros que se corroem, somos chamados a buscar o Reino de Deus e sua justiça, confiando que ele suprirá todas as nossas necessidades (Mateus 6:33).

Este subtítulo nos desafia a examinar nossas motivações e prioridades. Será que temos caído na ilusão de que mais coisas podem nos trazer mais felicidade? Ou estamos buscando a alegria duradoura que só pode ser encontrada em Cristo? Que possamos redirecionar nossos corações, rejeitando as falsas promessas do mundo e abraçando a plenitude que vem de uma vida centrada em Deus.

ACUMULANDO TESOUROS ONDE A TRAÇA CORRÓI

O coração humano é inclinado a acumular. Desde cedo, somos ensinados a valorizar bens materiais, como se o peso de nossa existência pudesse ser medido pela quantidade de coisas que possuímos. No entanto, Jesus, em seu Sermão do Monte, nos adverte sobre a fragilidade dessa prática: "Não acumulem para vocês tesouros na terra, onde a traça e a ferrugem destroem, e onde os ladrões arrombam e furtam. Mas acumulem para vocês tesouros no céu" (Mateus 6:19-20). Essas palavras revelam a efemeridade das riquezas terrenas e nos convidam a uma reflexão mais profunda sobre o que realmente importa.

A sociedade moderna está mergulhada em uma mentalidade que valoriza o acúmulo como sinônimo de sucesso. Casas repletas de objetos, contas bancárias robustas e investimentos diversos são vistos como símbolos de estabilidade e segurança. Contudo, basta uma crise econômica, um desastre natural ou mesmo o passar do tempo para que esses tesouros se desfaçam. A traça e a ferrugem são metáforas que ilustram o caráter temporário e vulnerável das coisas que tanto prezamos. O que resta, então, quando nosso tesouro se deteriora ou é perdido?

Essa busca incessante por acumular bens também traz consequências espirituais. O acúmulo desmedido pode nos levar a uma idolatria silenciosa, onde o coração passa a depender mais das riquezas do que de Deus. Isso é exemplificado na história do jovem rico (Mateus 19:16-22), que buscava a vida eterna, mas não conseguiu abrir mão de seus muitos bens para seguir a Cristo. Sua tristeza ao ouvir as palavras de Jesus evidencia o quanto seu coração estava preso ao que possuía. Assim, o acúmulo de tesouros terrenos pode se tornar uma barreira que nos impede de experimentar a verdadeira liberdade e alegria em Deus.

Além disso, o acúmulo não apenas reflete a insegurança humana, mas também alimenta a insatisfação. Quanto mais temos, mais queremos. O desejo de possuir algo novo ou maior nos mantém presos a um ciclo interminável de busca e frustração. O pregador em Eclesiastes 4:8 descreve essa realidade ao falar de um homem que trabalha arduamente, acumulando riquezas, mas que, ao final, se pergunta: "Para quem estou trabalhando tanto? Por que estou me privando de coisas boas?" Essa reflexão revela o vazio que o materialismo deixa quando não está alinhado a um propósito eterno.

O antídoto para essa armadilha está em redirecionar nossas prioridades e buscar tesouros que jamais se perdem. Esses tesouros celestiais são acumulados quando investimos em nossa comunhão com Deus, em nosso caráter e em atos de amor e generosidade. Jesus nos lembra em Lucas 12:33-34: "Vendam o que têm e deem aos pobres. Façam para vocês bolsas que não se gastem com o tempo, um tesouro nos céus que não se acabará, onde ladrão algum chega perto e nenhuma traça destrói. Pois onde estiver o seu tesouro, ali também estará o seu coração."

Acumular tesouros no céu não significa desprezar o que é necessário para a vida terrena, mas reavaliar nossas prioridades e confiar que Deus suprirá nossas necessidades. É viver de forma consciente e generosa, sabendo que tudo o que temos é passageiro e que o verdadeiro tesouro está em uma vida que reflete o amor de Cristo.

O CICLO DA BUSCA PELO "NOVO"

Vivemos em uma cultura que celebra o "novo" como a solução para a insatisfação. Novos aparelhos, novos estilos de vida, novas experiências – tudo parece prometer um frescor capaz de preencher o vazio interior. Contudo, esse ciclo de busca pelo "novo" revela-se um caminho enganoso, pois aquilo que hoje é novidade rapidamente se torna obsoleto, e o coração humano retorna à mesma inquietação. Salomão, em sua sabedoria, declarou em Eclesiastes 1:9: "O que foi tornará a ser, o que foi feito se fará novamente; não há nada novo debaixo do sol." Essa verdade confronta nossa inclinação de procurar em coisas passageiras a alegria que só pode ser encontrada no eterno.

O ciclo da busca pelo "novo" não apenas consome nossos recursos, mas também desgasta nossa alma. As indústrias de tecnologia, moda e entretenimento se alimentam desse desejo, criando uma falsa necessidade de substituição constante. Um exemplo claro é a rápida obsolescência de dispositivos eletrônicos: o que hoje é inovador, amanhã será descartável. Esse padrão nos aprisiona em uma corrida incessante, onde a satisfação nunca é alcançada, pois o próximo "novo" sempre parece mais atraente. No entanto, ao alcançar o que desejamos, logo percebemos que a promessa de plenitude era vazia.

Essa busca contínua pelo "novo" reflete uma insatisfação espiritual mais profunda. Quando nos desconectamos de Deus, procuramos substitutos em coisas que jamais poderão nos preencher. Isaías 55:2 nos faz uma pergunta poderosa: "Por que gastar dinheiro naquilo que não é pão, e o seu trabalho árduo naquilo que não satisfaz?" Essa indagação nos convida a refletir sobre onde estamos investindo nossa energia e o que esperamos encontrar nesses objetos ou experiências efêmeras.

O ciclo da busca pelo "novo" também pode afetar nossos relacionamentos e nossa caminhada espiritual.

Quantas vezes trocamos amizades ou igrejas porque buscamos algo "melhor" ou mais "moderno"? Em vez de aprofundarmos nossas conexões e crescer onde estamos plantados, caímos na armadilha de acreditar que a solução está em outra pessoa ou lugar. Contudo, a verdadeira satisfação não está no novo, mas no eterno. Lamentações 3:22-23 nos lembra de que as misericórdias de Deus se renovam a cada manhã, e é nesse novo que devemos confiar.

Para quebrar esse ciclo, precisamos ajustar nosso foco. Em vez de buscar constantemente o que é passageiro, somos chamados a encontrar contentamento no que é eterno. A Bíblia nos convida a buscar as coisas que são do alto, onde Cristo está (Colossenses 3:1-2). Somente quando fixamos nossos olhos nele é que experimentamos uma satisfação que transcende o efêmero. Que possamos reconhecer o vazio da busca pelo "novo" e aprender a desfrutar da plenitude que só Deus pode oferecer.

QUANDO TUDO TEM PREÇO, MAS NADA TEM VALOR

Em um mundo cada vez mais mercantilizado, vivemos a era em que quase tudo pode ser comprado, mas poucas coisas têm valor verdadeiro. A cultura contemporânea reduziu relacionamentos, princípios e até mesmo o tempo a meros números, etiquetas de preço ou transações financeiras. Essa realidade cria um paradoxo devastador: acumulamos bens, mas perdemos a essência do que realmente importa. Jesus nos advertiu sobre essa mentalidade em Mateus 16:26: "De que adianta ao homem ganhar o mundo inteiro e perder a sua alma?" Essa pergunta expõe a futilidade de uma vida focada apenas no acúmulo e na busca por coisas que têm preço, mas carecem de significado eterno.

Quando tudo é medido em termos de valor monetário, a sociedade começa a desprezar aquilo que não pode ser precificado. Relacionamentos genuínos são substituídos por interesses comerciais; o tempo de qualidade com a família é trocado por horas extras em busca de lucro; e a espiritualidade é relegada ao segundo plano, enquanto as demandas do mercado dominam nossas prioridades. No entanto, o que se perde nesse processo é muito mais do que ganho material. Como disse o salmista em Salmos 49:16-17: "Não se impressionem quando alguém se enriquece e aumenta o luxo de sua casa, pois nada levará consigo quando morrer; seu esplendor não descerá com ele."

Essa inversão de valores afeta profundamente nossa perspectiva de vida. Tornamo-nos insaciáveis, sempre desejando mais, mas nunca realmente satisfeitos. Isso se reflete na história de Esaú, que vendeu seu direito de primogenitura por um prato de lentilhas (Gênesis 25:29-34). Ele trocou algo de valor incalculável por uma satisfação momentânea. Esse exemplo bíblico nos alerta sobre os perigos de priorizar o imediato e o tangível em detrimento do que é eterno e espiritual. Somos chamados a buscar tesouros que permanecem, não aqueles que desaparecem com o tempo.

Além disso, quando tudo tem preço, começamos a perder nossa identidade. A definição de quem somos passa a depender do que possuímos ou da posição que ocupamos. Contudo, a Bíblia nos lembra que nosso verdadeiro valor não está em riquezas ou status, mas em sermos filhos de Deus. Em 1 Pedro 1:18-19, lemos que fomos resgatados "não por meio de coisas perecíveis como prata ou ouro, mas pelo precioso sangue de Cristo." Essa redenção nos dá uma nova perspectiva sobre o que realmente importa, apontando para valores que não podem ser comprados ou vendidos.

Para romper com essa mentalidade, é necessário resgatar o conceito de valor intrínseco. Devemos investir em coisas que carregam significado eterno: comunhão com Deus, relacionamentos profundos e atos de amor e generosidade. Jesus nos instruiu em Lucas 12:15 a não colocar nossa vida na abundância dos bens que possuímos. Isso não significa que os bens materiais sejam intrinsecamente maus, mas que eles nunca devem ocupar o lugar central em nossas vidas. O valor real está em viver para a glória de Deus e no impacto eterno que deixamos em nossas interações com os outros.

Este subtítulo nos convida a refletir: temos sido seduzidos pelo preço das coisas, ou estamos investindo no que realmente tem valor? Que possamos resistir à tentação de medir nossa vida pelo que possuímos e, em vez disso, abraçar os valores do Reino de Deus, onde o amor, a fé e a esperança são inestimáveis e eternos.

CAPÍTULO 3

COMPARAÇÕES E COMPETITIVIDADE

Vivemos em uma sociedade que promove comparações constantes. Desde cedo, somos expostos a padrões que nos dizem quem devemos ser, o que devemos possuir e como devemos agir para sermos aceitos ou admirados. Redes sociais, ambientes profissionais e até mesmo círculos familiares se tornam arenas de competitividade, onde o valor de uma pessoa é medido em relação ao que os outros possuem ou alcançam. Esse ciclo de comparação não apenas alimenta a insatisfação, mas também destrói nossa identidade em Cristo, pois nos leva a buscar validação em coisas externas e passageiras.

O apóstolo Paulo adverte em 2 Coríntios 10:12: "Nós não ousamos nos igualar ou nos comparar com alguns que se recomendam a si mesmos. Quando eles se medem e se comparam consigo mesmos, agem sem entendimento." Essa afirmação expõe a futilidade das comparações e nos lembra de que Deus nos criou como seres únicos, com propósitos específicos. Quando nos medimos pelos padrões do mundo, perdemos de vista quem realmente somos e o plano que Deus tem para nossas vidas.

A competitividade desenfreada, que surge como consequência das comparações, afeta nossa saúde emocional, espiritual e relacional. Ela nos empurra para uma busca incessante por superar os outros, enquanto a satisfação genuína continua fora de alcance. Em vez de vivermos em contentamento, tornamo-nos prisioneiros de um padrão irreal e desgastante. Essa mentalidade não apenas nos afasta de Deus, mas também cria barreiras nos relacionamentos, gerando inveja, orgulho e isolamento. Tiago 3:16 declara: "Pois onde há inveja e ambição egoísta, aí há confusão e toda espécie de males."

Este capítulo nos convida a refletir sobre os perigos de viver em constante comparação e competição. Exploraremos como essas práticas corroem nossa identidade, nos distanciam de Deus e nos impedem de experimentar a verdadeira satisfação em Cristo. No entanto, também veremos que há um caminho de libertação: encontrar nossa segurança e contentamento em quem somos aos olhos de Deus, e não nos padrões mutáveis do mundo. Que esta jornada nos ajude a redefinir nossas prioridades e a viver em plenitude, livres do peso das comparações e da competitividade.

OLHANDO PARA A GRAMA DO VIZINHO

A expressão "a grama do vizinho é sempre mais verde" reflete uma realidade comum: a tendência humana de acreditar que a vida dos outros é melhor do que a nossa. Essa percepção distorcida é alimentada por um coração insatisfeito, que constantemente compara sua realidade com a de outras pessoas. Quando olhamos para a "grama do vizinho", muitas vezes ignoramos os desafios e lutas que ele enfrenta, focando apenas nas aparências. Esse tipo de comparação é perigoso, pois mina nossa gratidão e nos impede de desfrutar das bênçãos que Deus nos dá.

A Bíblia nos ensina que a insatisfação e as comparações têm raízes espirituais profundas. Em Êxodo 20:17, Deus ordena: "Não cobice a casa do seu próximo, nem o seu campo, nem o seu servo ou serva, nem o seu boi ou jumento, nem coisa alguma que lhe pertença." Esse mandamento revela que a cobiça surge quando desejamos o que pertence ao outro, em vez de nos contentarmos com o que Deus providenciou para nós. Esse desejo desordenado nos afasta de Deus e gera uma espiral de inveja, ressentimento e ingratidão.

Olhando para o exemplo bíblico de Caim e Abel, vemos as consequências devastadoras de viver em constante comparação. Caim, ao perceber que sua oferta não agradou a Deus como a de seu irmão, foi consumido pela inveja e pela raiva, o que o levou a cometer o primeiro assassinato (Gênesis 4:3-8). Esse relato nos mostra que a comparação pode destruir não apenas nossa paz interior, mas também nossos relacionamentos mais próximos. Em vez de buscar aprovação divina, Caim permitiu que seu foco estivesse em Abel, resultando em tragédia.

Olhando para a grama do vizinho, frequentemente desconsideramos que nossas jornadas são únicas. Deus nos concede diferentes dons, oportunidades e desafios, com propósitos específicos para cada um de nós. Em Romanos 12:6, Paulo afirma: "Temos diferentes dons, de acordo com a graça que nos foi dada." Quando reconhecemos isso, podemos parar de nos comparar com os outros e começar a valorizar a singularidade de nossa caminhada com Deus. Esse entendimento nos liberta da necessidade de competir e nos conduz a uma vida de contentamento.

Além disso, a comparação contínua nos leva a perder de vista nossa verdadeira identidade em Cristo. Em vez de nos vermos como filhos amados de Deus, começamos a medir nosso valor com base em padrões humanos. Isso nos distancia da verdade de que somos completos em Cristo e de que nossa satisfação deve vir dele, não das circunstâncias externas. Colossenses 3:2 nos instrui: "Mantenham o pensamento nas coisas do alto, e não nas coisas terrenas." Quando direcionamos nosso foco para Deus, as comparações perdem sua força e encontramos verdadeira paz.

Para superar o hábito de olhar para a grama do vizinho, precisamos cultivar um coração grato e uma mente renovada pela Palavra de Deus. A gratidão nos ajuda a reconhecer e valorizar as bênçãos em nossa própria vida, enquanto a renovação da mente nos permite enxergar o mundo à luz da verdade divina. Somente assim podemos quebrar o ciclo de comparação e viver plenamente o plano que Deus tem para cada um de nós.

A CULTURA DA COMPARAÇÃO E A PERDA DA IDENTIDADE

A cultura da comparação é uma das marcas mais evidentes da sociedade contemporânea. Desde cedo, somos ensinados a nos medir pelos padrões de outros, seja na aparência, nos bens materiais ou nas realizações pessoais. Esse comportamento, amplificado pelas redes sociais, cria uma pressão constante para nos adequarmos a um ideal que frequentemente é inalcançável. No entanto, essa prática não apenas alimenta a insatisfação, mas também nos rouba algo fundamental: nossa identidade em Cristo. Quando nos comparamos aos outros, esquecemos que fomos criados de maneira única, com um propósito singular, conforme expressa o salmista em Salmos 139:14: "Eu te louvo porque me fizeste de modo especial e admirável. Tuas obras são maravilhosas!"

O problema da comparação é que ela sempre leva à distorção. Quando nos vemos superiores aos outros, caímos na armadilha do orgulho; quando nos vemos inferiores, somos consumidos pela inveja e pelo descontentamento. Em ambos os casos, perdemos de vista quem realmente somos. Essa dinâmica é claramente ilustrada na parábola do fariseu e do publicano (Lucas 18:9-14). O fariseu, ao se comparar ao publicano, considerou-se justo, mas sua confiança estava em si mesmo, não em Deus. Por outro lado, o publicano, reconhecendo sua própria fragilidade, recebeu a verdadeira justificação. Essa história nos ensina que a comparação nos afasta de Deus e nos impede de enxergar nossa real condição espiritual.

Além disso, a cultura da comparação promove uma busca incessante por validação externa. Passamos a medir nosso valor pelo número de curtidas, comentários ou aprovações que recebemos, esquecendo que nossa verdadeira identidade está em sermos filhos amados de Deus. Isaías 43:1 declara: "Não tenha medo, pois eu o resgatei; eu o chamei pelo nome; você é meu." Esse versículo nos lembra que nossa dignidade não depende do que fazemos ou possuímos, mas do fato de pertencermos a Deus. Quando ignoramos essa verdade, somos facilmente levados pelas opiniões alheias, tornando-nos vulneráveis às pressões e expectativas externas.

A comparação também gera uma insatisfação contínua, pois sempre haverá alguém que parece estar em uma posição melhor. Essa realidade é descrita em Provérbios 14:30: "O coração em paz dá vida ao corpo, mas a inveja apodrece os ossos." A paz interior é impossível de alcançar enquanto buscamos nos adequar a padrões externos. Somente ao abandonarmos a comparação e abraçarmos nossa identidade em Cristo podemos experimentar a verdadeira satisfação e plenitude.

Para superar a cultura da comparação, é necessário um retorno à verdade da Palavra de Deus. Ela nos lembra que somos amados e aceitos por quem somos, não pelo que fazemos. Em Gálatas 2:20, Paulo declara: "Fui crucificado com Cristo. Assim, já não sou eu quem vive, mas Cristo vive em mim." Essa realidade transforma nossa perspectiva, libertando-nos da necessidade de nos compararmos aos outros. Em Cristo, encontramos nossa verdadeira identidade, uma identidade que não é baseada em circunstâncias externas, mas na graça imutável de Deus.

Este subtítulo nos convida a refletir: temos vivido à sombra da comparação ou à luz da nossa identidade em Cristo? Que possamos abandonar a pressão de nos conformarmos aos padrões do mundo e abraçar a liberdade de sermos quem Deus nos criou para ser.

O PESO DE VIVER PARA IMPRESSIONAR

A busca por aceitação e validação tem levado muitos a viverem sob o pesado fardo de tentar impressionar os outros. Essa pressão, embora pareça inofensiva no início, se transforma em um ciclo desgastante e destrutivo. A necessidade de agradar, ser reconhecido ou alcançar padrões impostos pela sociedade nos leva a adotar máscaras e comportamentos que não refletem nossa verdadeira identidade. Jesus, ao falar sobre os fariseus, condenou essa postura em Mateus 23:5: "Tudo o que fazem é para serem vistos pelos homens." Essa advertência revela a futilidade de uma vida baseada na aprovação alheia e nos desafia a examinar as motivações de nosso coração.

Viver para impressionar é um peso porque exige uma constante performance. É como correr em uma esteira: o esforço é grande, mas o progresso é mínimo. Em muitos casos, a pessoa que busca impressionar os outros perde sua essência, ajustando suas escolhas e comportamentos às expectativas externas. Essa realidade é evidente na história de Marta, que, ao receber Jesus em sua casa, ficou tão preocupada em preparar tudo que perdeu o essencial: estar aos pés do Mestre. Jesus lhe disse: "Marta, Marta, você está preocupada e inquieta com muitas coisas; todavia, apenas uma é necessária" (Lucas 10:41-42). Assim, somos lembrados de que a aprovação de Deus deve ser nossa prioridade, não a dos homens.

Além disso, viver para impressionar é uma armadilha que nos escraviza emocionalmente. Quando colocamos nossa identidade nas mãos dos outros, tornamo-nos vulneráveis às críticas e rejeições. A Bíblia nos ensina em Provérbios 29:25 que "o medo dos homens se revela uma armadilha, mas quem confia no Senhor está seguro." Isso nos mostra que buscar agradar a Deus, e não aos homens, é o caminho para a verdadeira liberdade. Em Cristo, somos aceitos e amados, independentemente do que os outros pensem ou digam. Essa verdade nos liberta do peso da aprovação humana.

Outro aspecto do fardo de viver para impressionar é que ele nos afasta de nossa verdadeira missão. Quando gastamos nossas energias tentando agradar os outros, perdemos de vista o propósito que Deus nos deu. O apóstolo Paulo afirmou em Gálatas 1:10: "Acaso busco eu agora a aprovação dos homens ou de Deus? Ou estou tentando agradar a homens? Se ainda estivesse procurando agradar a homens, não seria servo de Cristo." Esse versículo nos desafia a abandonar a busca por reconhecimento humano e a viver de maneira autêntica, comprometidos com a vontade de Deus.

Superar o peso de viver para impressionar exige uma mudança de perspectiva. É preciso lembrar que nossa identidade está em Cristo e que somos chamados a viver para a glória de Deus, não para a aprovação do mundo. Isso nos dá a liberdade de sermos autênticos, de agir conforme os valores do Reino e de encontrar descanso na graça de Deus. Em vez de buscar impressionar, somos chamados a refletir a imagem de Cristo em tudo o que fazemos, sabendo que ele nos aceita como somos.

Este subtítulo nos desafia a abandonar o fardo da performance e a buscar descanso na aceitação incondicional de Deus. Que possamos trocar as expectativas do mundo pela segurança de saber que, em Cristo, já somos plenamente aceitos e amados.

SATISFAÇÃO QUE NASCE DA AUTENTICIDADE EM CRISTO

Em um mundo onde a comparação e a busca por aprovação imperam, encontrar satisfação genuína parece uma tarefa quase impossível. Contudo, a verdadeira satisfação nasce quando vivemos de forma autêntica, alinhados com quem somos em Cristo. A autenticidade não é simplesmente "ser quem somos", mas viver em conformidade com a identidade que Deus nos deu. Em 2 Coríntios 5:17, Paulo afirma: "Se alguém está em Cristo, é nova criação. As coisas antigas já passaram; eis que surgiram coisas novas." Essa transformação é a base para uma vida autêntica e satisfeita, independente das circunstâncias externas.

A autenticidade em Cristo nos liberta das expectativas e pressões impostas pela sociedade. Não precisamos mais buscar aprovação humana ou competir com os outros, pois sabemos que nosso valor não está no que fazemos, mas em quem somos aos olhos de Deus. O salmista expressa essa segurança ao dizer: "Só em Deus descansa a minha alma; dele vem a minha salvação. Somente ele é a minha rocha e a minha salvação" (Salmos 62:1-2). Essa confiança nos permite viver com simplicidade e integridade, sem a necessidade de impressionar ou se comparar.

A busca pela autenticidade também nos conduz a uma vida de contentamento. Quando deixamos de lado as máscaras e vivemos com sinceridade diante de Deus e dos outros, encontramos paz e liberdade. Em Filipenses 4:11-13, Paulo declara que aprendeu a estar contente em qualquer situação, seja em necessidade ou fartura, porque sua força vinha de Cristo. Esse contentamento não depende de circunstâncias externas, mas de uma profunda conexão com Deus, que é a fonte de toda satisfação verdadeira.

Além disso, a autenticidade em Cristo nos capacita a aceitar nossas limitações e a celebrar nossos dons e talentos. Em vez de nos compararmos aos outros, reconhecemos que Deus nos fez únicos, com um propósito específico. Romanos 12:6 nos lembra: "Temos diferentes dons, de acordo com a graça que nos foi dada." Essa diversidade é uma bênção que nos encoraja a viver com confiança e gratidão, utilizando aquilo que recebemos para glorificar a Deus e servir ao próximo.

Por fim, a satisfação que nasce da autenticidade em Cristo é um testemunho poderoso para o mundo. Quando vivemos de forma genuína, refletimos a imagem de Cristo e demonstramos que ele é suficiente para preencher todo o vazio de nossas almas. Jesus nos convida em João 15:5 a permanecer nele, pois somente assim podemos dar frutos e experimentar a plenitude que vem de uma vida enraizada em sua presença. Esse chamado nos lembra que a verdadeira alegria e paz estão em viver em comunhão com nosso Salvador.

Este subtítulo nos desafia a abandonar as máscaras e a viver de forma autêntica, sabendo que em Cristo encontramos tudo o que precisamos para sermos plenamente satisfeitos. Que possamos buscar essa autenticidade diariamente, confiando que, ao vivermos em alinhamento com Deus, experimentaremos a verdadeira liberdade e contentamento que só ele pode oferecer.

CAPÍTULO 4

O FARDO DA AMBIÇÃO DESENFREADA

A ambição é um impulso natural, uma força que nos motiva a buscar mais, a crescer e a alcançar objetivos. No entanto, quando descontrolada, ela se transforma em um fardo pesado, conduzindo-nos a um estado de inquietação e insatisfação. A ambição desenfreada não conhece limites; ela exige sempre mais, empurrando-nos para uma busca incessante por sucesso, poder e reconhecimento. Jesus nos alerta sobre os perigos dessa postura em Mateus 6:24: "Vocês não podem servir a Deus e ao Dinheiro." Esse versículo nos desafia a refletir sobre nossas prioridades e a discernir quem ou o que realmente governa nosso coração.

O problema da ambição desmedida não é apenas o desgaste físico e emocional que ela causa, mas também o impacto devastador que ela tem em nossa vida espiritual. Quando o desejo pelo "topo" se torna o centro de nossa existência, começamos a sacrificar valores, relacionamentos e até mesmo nossa fé. A história de Babel, narrada em Gênesis 11:1-9, ilustra bem esse perigo. Os homens decidiram construir uma torre que chegasse ao céu, buscando fama e poder, mas Deus frustrou seus planos, revelando a futilidade de uma ambição que não está alinhada com sua vontade.

Este capítulo explora a diferença entre uma ambição saudável, que busca glorificar a Deus, e uma ambição corrupta, que coloca o "eu" no centro. Veremos como a busca desenfreada pelo sucesso nos afasta de nossa verdadeira vocação e nos prende em um ciclo de ansiedade e frustração. No entanto, também aprenderemos que é possível redefinir nossas metas à luz da eternidade, encontrando paz e propósito em uma vida alinhada com os valores do Reino de Deus. Que esta reflexão nos ajude a liberar o fardo da ambição descontrolada e a redescobrir a alegria de viver com um coração voltado para Deus.

AMBIÇÃO SANTA E AMBIÇÃO CORRUPTA

A ambição, em si, não é algo intrinsecamente ruim. Ela pode ser uma força positiva que nos impulsiona a crescer, realizar sonhos e contribuir para o bem do próximo. Contudo, a diferença entre uma ambição santa e uma ambição corrupta reside na motivação do coração e no propósito final. A ambição santa é aquela que busca glorificar a Deus e servir aos outros; já a ambição corrupta é movida pelo egoísmo, pela busca de poder e pela exaltação do "eu". Essa distinção é essencial para discernirmos se nossos esforços estão alinhados com a vontade de Deus ou se estamos sendo consumidos por um desejo insaciável de reconhecimento e sucesso.

A ambição santa é exemplificada na vida de Jesus. Embora ele possuísse todo poder e autoridade, seu objetivo era cumprir a vontade do Pai e servir à humanidade. Em João 6:38, ele declara: "Pois desci dos céus, não para fazer a minha vontade, mas para fazer a vontade daquele que me enviou." Essa atitude de humildade e obediência contrasta fortemente com a ambição corrupta, que busca colocar o próprio interesse acima de tudo. A ambição santa nos conduz a um caminho de serviço, enquanto a ambição corrupta nos afasta de Deus e dos outros.

Um exemplo bíblico de ambição corrupta pode ser encontrado na vida de Lúcifer. Isaías 14:13-14 registra suas palavras: "Subirei ao céu; erguerei o meu trono acima das estrelas de Deus... Serei como o Altíssimo." Esse desejo de usurpar o lugar de Deus levou à sua queda, demonstrando que a ambição egoísta sempre resulta em ruína. Da mesma forma, em nossa vida, quando a busca pelo sucesso ou reconhecimento ultrapassa os limites estabelecidos por Deus, enfrentamos consequências devastadoras, como perda de paz, relacionamentos quebrados e, em última análise, um afastamento de nossa verdadeira vocação.

A ambição santa, por outro lado, nos chama a utilizar nossos dons e talentos para glorificar a Deus e edificar o próximo. Paulo nos ensina em 1 Coríntios 10:31: "Portanto, quer comam, quer bebam ou façam qualquer outra coisa, façam tudo para a glória de Deus." Esse tipo de ambição nos motiva a buscar excelência em nossas ações, não para engrandecer nosso nome, mas para refletir a grandeza de Deus. Essa postura nos protege do orgulho e nos ajuda a manter o coração humilde, reconhecendo que tudo o que temos e somos vem do Senhor.

Para identificar se nossa ambição é santa ou corrupta, é necessário examinar nossos motivos. Estamos buscando sucesso para glorificar a Deus ou para alimentar nosso ego? Estamos dispostos a sacrificar valores e relacionamentos em nome de nossas conquistas? A Palavra de Deus nos oferece um guia seguro para alinhar nossas ambições. Em Provérbios 16:3, lemos: "Consagre ao Senhor tudo o que você faz, e os seus planos serão bem-sucedidos." Esse versículo nos lembra da importância de submeter nossas metas e desejos ao Senhor, permitindo que ele direcione nossos passos.

Ao longo deste subtítulo, somos desafiados a refletir sobre nossas ambições e a buscar uma vida que honre a Deus. Que possamos cultivar uma ambição santa, que nos leve a crescer em fé, serviço e amor, e rejeitar toda forma de ambição corrupta, que nos afasta de nosso propósito eterno.

QUANDO O SUCESSO SE TORNA UM ÍDOLO

O desejo de alcançar sucesso é natural e pode ser uma bênção quando alinhado com os propósitos de Deus. No entanto, o sucesso se torna um ídolo quando ocupa o lugar de Deus em nosso coração, moldando nossas prioridades e determinando nosso valor. Esse tipo de idolatria é sutil, mas devastador. Substituímos a busca por agradar a Deus pela obsessão em alcançar metas pessoais, frequentemente negligenciando nossa vida espiritual e nossos relacionamentos. Em Mateus 6:33, Jesus nos instrui: "Busquem, pois, em primeiro lugar o Reino de Deus e a sua justiça, e todas essas coisas lhes serão acrescentadas." Esse versículo nos lembra da necessidade de manter Deus como o centro de nossa busca.

Quando o sucesso se torna um ídolo, ele exige sacrifícios que Deus nunca pediu. Horas intermináveis de trabalho, a negligência de nossa saúde e família, e até mesmo a perda de nossa integridade são frequentemente justificadas em nome da realização profissional ou financeira. Essa realidade é ilustrada na vida de Salomão. Embora tivesse sabedoria e riquezas incomparáveis, ele reconheceu em Eclesiastes 2:11: "Contudo, quando avaliei tudo o que as minhas mãos haviam feito e o trabalho que eu tanto me esforçara para realizar, percebi que tudo foi inútil, foi correr atrás do vento; não há nenhum proveito no que se faz debaixo do sol." Essa conclusão revela que, sem Deus, o sucesso é vazio e incapaz de trazer verdadeira satisfação.

Além disso, a idolatria do sucesso gera ansiedade e insatisfação contínuas. Mesmo após alcançar grandes conquistas, a sensação de que ainda falta algo persiste. A cultura contemporânea reforça essa mentalidade, promovendo a ideia de que nunca é suficiente: sempre há um próximo degrau a ser alcançado, um novo prêmio a ser conquistado. No entanto, a Palavra nos ensina que em Cristo, encontramos descanso e liberdade da opressão de um sucesso que nunca satisfaz.

Quando o sucesso ocupa o lugar de Deus, ele distorce nossa perspectiva sobre o que realmente importa. Somos levados a priorizar o passageiro em detrimento do eterno. Jesus ilustra isso na parábola do rico insensato (Lucas 12:16-21), que acumulou bens pensando que poderia desfrutar de uma vida tranquila, mas ignorou sua alma. Deus o chamou de insensato, pois ele não estava preparado para a eternidade. Esse exemplo nos alerta para a necessidade de buscar riquezas celestiais, que nunca se perdem, em vez de nos concentrarmos exclusivamente em conquistas terrenas.

Para evitar que o sucesso se torne um ídolo, é crucial manter nossas metas e realizações sob a luz da Palavra de Deus. Devemos nos perguntar constantemente: estou buscando agradar a Deus ou simplesmente a mim mesmo? Estou disposto a sacrificar princípios espirituais em nome de minhas ambições? A Bíblia nos encoraja em Colossenses 3:23-24: "Tudo o que fizerem, façam de todo o coração, como para o Senhor, e não para os homens, sabendo que receberão do Senhor a recompensa da herança. É a Cristo, o Senhor, que vocês estão servindo." Essa perspectiva nos ajuda a manter o sucesso em seu devido lugar: como uma ferramenta para glorificar a Deus, e não como um ídolo que governa nossas vidas.

Este subtítulo nos desafia a reavaliar nossas prioridades e a buscar um sucesso que glorifique a Deus, em vez de nos aprisionar. Que possamos encontrar contentamento em cumprir o propósito que ele tem para nós, lembrando que a verdadeira realização está em viver para sua glória.

A PAZ SACRIFICADA NA BUSCA PELO TOPO

A busca pelo topo, pelo reconhecimento e pelas maiores conquistas é uma característica marcante da sociedade atual. Embora essa ambição possa parecer louvável, ela frequentemente exige um preço alto: a paz interior. Na corrida para alcançar sucesso e status, muitos sacrificam saúde, relacionamentos e até mesmo a própria fé, carregando um fardo de ansiedade e estresse. Jesus nos alertou sobre essa troca em Marcos 8:36: "Pois, que adianta ao homem ganhar o mundo inteiro e perder a sua alma?" Essa advertência nos chama a refletir sobre as prioridades que governam nossa vida e os custos invisíveis de nossas ambições.

A paz sacrificada na busca pelo topo se manifesta em uma vida de inquietação constante. Sempre há uma meta maior, uma posição mais elevada ou um objetivo inatingível que nos empurra além dos nossos limites. Essa inquietação muitas vezes resulta em esgotamento emocional e físico, como vemos na história de Marta e Maria em Lucas 10:38-42. Marta, ansiosa e sobrecarregada com as responsabilidades, sacrificou a paz que poderia experimentar ao estar na presença de Jesus. Essa narrativa nos ensina que, enquanto perseguimos o topo, corremos o risco de negligenciar o que realmente traz descanso e satisfação para a alma.

Além disso, a busca desenfreada pelo topo cria uma atmosfera de competição e isolamento. Nessa jornada, os outros deixam de ser companheiros para se tornarem rivais, o que frequentemente gera ressentimento e desconfiança. Em Tiago 3:16, lemos: "Pois onde há inveja e ambição egoísta, aí há confusão e toda espécie de males." Essa busca gera uma desconexão, não apenas com os outros, mas também com Deus. Em vez de encontrar contentamento em nossa jornada, somos consumidos por uma comparação constante que nos rouba a paz.

A paz verdadeira, no entanto, não se encontra no topo de uma carreira ou em conquistas grandiosas, mas em um relacionamento íntimo com Deus. Filipenses 4:6-7 nos ensina: "Não andem ansiosos por coisa alguma, mas em tudo, pela oração e súplicas, e com ação de graças, apresentem seus pedidos a Deus. E a paz de Deus, que excede todo o entendimento, guardará os seus corações e as suas mentes em Cristo Jesus." Essa paz não é fruto de circunstâncias externas, mas da confiança plena no cuidado e provisão de Deus.

Para resgatar a paz que muitas vezes é sacrificada na busca pelo topo, precisamos redefinir o que significa ter sucesso. Devemos buscar não o aplauso dos homens, mas a aprovação de Deus. Em vez de perseguir metas terrenas que não trazem verdadeira satisfação, somos chamados a buscar o Reino de Deus e sua justiça, confiando que ele suprirá todas as nossas necessidades (Mateus 6:33). Essa mudança de perspectiva nos permite abandonar a ansiedade e descansar no plano perfeito que Deus tem para nossas vidas.

Este subtítulo nos convida a examinar nossos corações e nossas prioridades. Será que estamos sacrificando nossa paz em nome de uma ambição que nunca nos satisfará? Que possamos encontrar descanso e contentamento na presença de Deus, lembrando que a verdadeira paz não está em nossas conquistas, mas em uma vida vivida para a glória dele.

REDEFININDO METAS À LUZ DA ETERNIDADE

Vivemos em uma sociedade que define sucesso com base em metas tangíveis: riqueza, posição, reconhecimento e conquistas. Embora essas metas possam ter seu valor, elas frequentemente obscurecem o que realmente importa: o propósito eterno para o qual fomos criados. Redefinir nossas metas à luz da eternidade significa alinhar nossos objetivos com os valores do Reino de Deus, buscando não apenas o que é passageiro, mas o que tem impacto eterno. Em Colossenses 3:2, Paulo nos instrui: "Mantenham o pensamento nas coisas do alto, e não nas coisas terrenas." Essa perspectiva nos desafia a reavaliar nossas prioridades e a investir em tesouros que jamais se perderão.

Redefinir metas exige uma compreensão clara do que é duradouro. Jesus nos ensina em Mateus 6:19-20: "Não acumulem para vocês tesouros na terra, onde a traça e a ferrugem destroem, e onde os ladrões arrombam e furtam. Mas acumulem para vocês tesouros no céu." Essa passagem nos lembra que as metas puramente terrenas, por mais impressionantes que sejam, são vulneráveis e temporárias. Por outro lado, as metas eternas – como crescimento espiritual, amor ao próximo e fidelidade a Deus – têm valor permanente. Quando vivemos com essa perspectiva, nossas decisões e esforços ganham um novo significado.

Uma das áreas em que essa redefinição de metas é mais evidente é no uso do nosso tempo. Muitas vezes, sacrificamos tempo com Deus, com a família ou servindo aos outros em nome de alcançar metas que, no fim, têm pouco ou nenhum valor eterno. No entanto, o salmista declara em Salmos 90:12: "Ensina-nos a contar os nossos dias para que o nosso coração alcance sabedoria." Esse versículo nos exorta a viver de forma intencional, aproveitando cada oportunidade para glorificar a Deus e edificar o próximo.

Outra implicação prática de redefinir metas à luz da eternidade é a maneira como encaramos nossas conquistas e fracassos. Quando nossas metas estão centradas em Deus, não somos consumidos pela ansiedade de sempre alcançar mais, nem derrotados quando enfrentamos fracassos temporários. Sabemos que nossa identidade e valor não estão em nossos feitos, mas em quem somos em Cristo. Em Filipenses 3:13-14, Paulo declara: "Esquecendo-me das coisas que ficaram para trás e avançando para as que estão adiante, prossigo para o alvo, a fim de ganhar o prêmio do chamado celestial de Deus em Cristo Jesus." Esse foco no chamado eterno nos dá força e perseverança, mesmo diante de desafios.

Por fim, redefinir metas à luz da eternidade nos leva a viver com propósito e significado. Cada decisão, cada esforço e cada pequena ação se tornam parte de algo maior – o plano de Deus para nossas vidas. Quando buscamos em primeiro lugar o Reino de Deus, encontramos a verdadeira satisfação e liberdade, pois sabemos que estamos investindo em algo que nunca será destruído. Essa mudança de perspectiva transforma não apenas nossas metas, mas toda a nossa existência.

Este subtítulo nos desafia a abandonar metas centradas em nós mesmos e a abraçar os valores eternos de Deus. Que possamos viver de forma que cada esforço, cada conquista e cada sonho reflitam a glória do Pai e o desejo de cumprir seu propósito em nossas vidas.

CAPÍTULO 5

O ENGANO DA AUTOSSUFICIÊNCIA

A autossuficiência é uma ideia sedutora que promete controle total sobre a vida, independência e poder ilimitado para superar qualquer desafio. Desde cedo, somos encorajados a acreditar que podemos conquistar tudo por conta própria, bastando esforço e determinação. No entanto, essa confiança excessiva em nossas próprias forças é um engano que nos afasta da verdadeira fonte de poder e sustento: Deus. Jesus nos lembra em João 15:5: "Sem mim vocês não podem fazer coisa alguma." Essa afirmação nos confronta com a realidade de nossa dependência e nos convida a abandonar a ilusão de que somos suficientes por nós mesmos.

O engano da autossuficiência não apenas nos distancia de Deus, mas também nos sobrecarrega com um fardo que não fomos criados para carregar. Quando tentamos controlar tudo, enfrentamos um ciclo de ansiedade e frustração, pois logo percebemos que nossas capacidades são limitadas. A história da torre de Babel, em Gênesis 11:1-9, exemplifica essa verdade. Os homens, confiando em sua própria força e inteligência, tentaram construir uma torre que chegasse aos céus, mas seus planos foram frustrados por Deus. Esse relato nos ensina que depender de nossa própria capacidade é um caminho que leva à queda, enquanto a dependência de Deus é o caminho para a verdadeira segurança.

Este capítulo explora as armadilhas da autossuficiência e suas consequências em nossa vida espiritual, emocional e relacional. Veremos como a confiança em Deus nos liberta do fardo da independência absoluta e nos leva a experimentar a paz e a força que vêm de uma vida ancorada nele. Que este capítulo seja um convite para renunciar à falsa segurança da autossuficiência e abraçar a alegria de depender completamente de nosso Pai celestial, que cuida de nós com amor e graça.

A ILUSÃO DE SER SUFICIENTE SEM DEUS

A ideia de que somos capazes de enfrentar a vida sozinhos, sem depender de Deus, é uma ilusão que frequentemente se esconde sob a aparência de força e autoconfiança. No entanto, essa falsa segurança desmorona diante dos desafios inevitáveis da existência. A Bíblia nos adverte em Jeremias 17:5: "Assim diz o Senhor: 'Maldito é o homem que confia nos homens, que faz da humanidade mortal a sua força, mas cujo coração se afasta do Senhor'." Esse versículo expõe a fragilidade de confiar apenas em nossas capacidades e nos convida a reconhecer que, sem Deus, estamos destinados ao fracasso.

A ilusão da autossuficiência é perigosa porque nos leva a ignorar nossa necessidade de Deus. Quando tudo parece estar sob controle, é fácil acreditar que podemos lidar com qualquer situação. Essa atitude nos afasta do relacionamento com o Criador, fazendo-nos esquecer que ele é a fonte de toda sabedoria, força e provisão. A parábola do rico insensato, contada por Jesus em Lucas 12:16-21, exemplifica esse engano. O homem acumulou riquezas e planejou desfrutar de sua segurança material, mas ignorou sua dependência de Deus. Naquela mesma noite, sua vida foi exigida, e ele descobriu que sua autossuficiência era vazia e inútil.

Além disso, a ilusão de ser suficiente sem Deus nos sobrecarrega com responsabilidades que não podemos carregar sozinhos. Tentamos controlar cada aspecto da vida, mas logo percebemos que nossas forças são limitadas. Em vez de encontrar paz, enfrentamos ansiedade e desgaste emocional. O salmista, ao reconhecer sua dependência do Senhor, declara em Salmos 121:1-2: "Elevo os olhos para os montes: de onde me vem o socorro? O meu socorro vem do Senhor, que fez os céus e a terra." Essa declaração nos lembra que a verdadeira segurança está em Deus, não em nossos próprios esforços.

A ilusão da autossuficiência também nos afasta dos outros. Quando acreditamos que não precisamos de ninguém, tornamo-nos isolados e fechados, perdendo a riqueza dos relacionamentos que Deus nos dá como apoio e encorajamento. Em Eclesiastes 4:9-10, lemos: "É melhor ter companhia do que estar sozinho, porque maior é a recompensa do trabalho de duas pessoas. Se um cair, o outro ajuda a levantar." Deus nos criou para vivermos em comunidade, dependentes dele e uns dos outros. Quando rejeitamos essa verdade, privamo-nos das bênçãos da comunhão e do apoio mútuo.

Este subtítulo nos convida a refletir: estamos vivendo na ilusão de que somos suficientes por nós mesmos, ou temos buscado refúgio e força em Deus? Que possamos abandonar a confiança em nossas próprias forças e abraçar a dependência daquele que nunca falha, experimentando a alegria e a segurança que vêm de uma vida plenamente entregue ao Senhor.

A IDOLATRIA DO "EU POSSO TUDO"

Vivemos em uma era que exalta a independência e a autossuficiência. Frases como "Você pode tudo" ou "Acredite em si mesmo" se tornaram mantras de uma sociedade que valoriza a força individual acima de qualquer outra coisa. Embora a confiança em nossas capacidades seja importante, quando essa crença se transforma em idolatria, colocando o "eu" no centro de tudo, caímos em um perigoso engano. O apóstolo Paulo nos lembra em 1 Coríntios 10:12: "Assim, aquele que pensa estar de pé, cuide para que não caia." Essa advertência nos desafia a reconhecer que, sem Deus, nossa força e segurança são ilusórias.

A idolatria do "eu posso tudo" manifesta-se em diversas áreas da vida. No trabalho, pode se traduzir em um desejo obsessivo de alcançar metas pessoais a qualquer custo; nos relacionamentos, em uma atitude de auto-suficiência que despreza o conselho ou o apoio dos outros; e na espiritualidade, em uma confiança excessiva nas próprias habilidades para lidar com problemas e decisões. Esse tipo de idolatria nos afasta de Deus e nos coloca em um terreno instável, pois dependemos de nossa força limitada em vez de nos ancorarmos no poder ilimitado do Senhor. Jeremias 9:23-24 nos adverte:

"Não se glorie o sábio em sua sabedoria, nem o forte em sua força, nem o rico em sua riqueza. Mas quem se gloriar, glorie-se nisto: em compreender e conhecer-me."

O exemplo de Nabucodonosor em Daniel 4 ilustra os perigos dessa idolatria. Orgulhoso de seu poder e realizações, ele declarou: "Não é esta a grande Babilônia que eu construí como residência real, com meu enorme poder e para a glória da minha majestade?" (Daniel 4:30). Sua arrogância resultou em sua humilhação, quando Deus o fez reconhecer que todo poder e glória pertencem ao Altíssimo. Essa história nos lembra que, por mais grandiosas que sejam nossas conquistas, elas só têm valor quando estão sujeitas à soberania de Deus.

A idolatria do "eu posso tudo" também traz consigo um peso insuportável. Quando acreditamos que tudo depende exclusivamente de nós, carregamos um fardo de ansiedade e perfeccionismo, temendo falhar ou decepcionar. Em contraste, Jesus nos convida a encontrar descanso nele, dizendo em Mateus 11:29-30: "Tomem sobre vocês o meu jugo e aprendam de mim, pois sou manso e humilde de coração, e vocês encontrarão descanso para as suas almas. Pois o meu jugo é suave e o meu fardo é leve." A dependência de Deus nos liberta desse peso e nos dá a força necessária para enfrentar os desafios da vida com confiança e paz.

Para abandonar essa idolatria, é essencial reconhecer nossa limitação e submeter todas as áreas de nossa vida a Deus. Filipenses 4:13 nos lembra que "tudo posso naquele que me fortalece," não em nossas próprias forças, mas no poder que vem de Cristo. A verdadeira liberdade e realização estão em depender do Senhor, que nos capacita em meio à fraqueza e nos sustenta em todas as situações.

Este subtítulo nos desafia a refletir: estamos vivendo sob a ilusão de que podemos tudo por nós mesmos, ou temos buscado força em Deus? Que possamos abandonar a idolatria do "eu" e encontrar nossa verdadeira identidade e poder naquele que é a fonte de tudo.

O VAZIO QUE O ORGULHO DEIXA

O orgulho é uma armadilha sutil, mas devastadora. Ele nos convence de que somos autossuficientes, capazes de controlar tudo e de alcançar nossos objetivos sem depender de ninguém – nem mesmo de Deus. Contudo, essa confiança excessiva nas próprias forças invariavelmente leva ao vazio. O orgulho ergue barreiras que nos isolam dos outros e de Deus, criando um ciclo de insatisfação e solidão. Em Provérbios 16:18, lemos: "O orgulho vem antes da destruição; o espírito altivo, antes da queda." Essa advertência nos lembra que o caminho do orgulho é, em última análise, um caminho de ruína e desespero.

O orgulho nos faz acreditar que nossa identidade e valor estão ligados às nossas realizações e status, mas, na busca incessante por validação, nos deparamos com o vazio. Um exemplo claro disso é a história do rei Uzias. Em 2 Crônicas 26, vemos que, enquanto permaneceu dependente de Deus, Uzias prosperou. No entanto, ao tornar-se poderoso, seu coração se encheu de orgulho, levando-o a agir contra a vontade de Deus. O resultado foi a sua humilhação e isolamento, mostrando que o orgulho sempre nos afasta da verdadeira fonte de satisfação e alegria.

Além disso, o orgulho nos impede de reconhecer nossas fraquezas e limitações. Ele nos leva a esconder nossas falhas e a criar uma fachada de perfeição, enquanto por dentro enfrentamos inseguranças e dúvidas. Esse comportamento gera um vazio profundo, pois buscamos preencher nossa necessidade de valor com coisas que nunca podem satisfazer. A Bíblia nos ensina que somente quando nos humilhamos diante de Deus encontramos verdadeira paz e plenitude. Tiago 4:10 nos exorta: "Humilhem-se diante do Senhor, e ele os exaltará." A verdadeira exaltação vem de Deus, não de nossas tentativas de nos colocar acima dos outros.

O orgulho também afeta nossos relacionamentos, criando barreiras que nos impedem de experimentar comunhão genuína. Quando estamos cheios de orgulho, é difícil admitir erros, pedir perdão ou aceitar ajuda. Isso nos isola emocional e espiritualmente, aprofundando o vazio em nossa alma. Em contraste, a humildade nos permite abrir o coração e construir conexões significativas. Jesus nos dá o exemplo perfeito de humildade em Filipenses 2:5-8, ao se esvaziar de sua glória para servir e salvar a humanidade. Quando seguimos esse exemplo, encontramos verdadeira satisfação em viver para a glória de Deus e o bem do próximo.

Para preencher o vazio deixado pelo orgulho, é necessário reconhecer que precisamos de Deus em todas as áreas de nossa vida. O salmista declara em Salmos 51:17: "Os sacrifícios que agradam a Deus são um espírito quebrantado; um coração quebrantado e contrito, ó Deus, não desprezarás." A humildade nos leva a depender de Deus, e essa dependência traz verdadeira alegria e contentamento.

Este subtítulo nos convida a refletir: temos permitido que o orgulho governe nossas ações, ou estamos dispostos a nos humilhar diante de Deus? Que possamos abandonar o caminho vazio do orgulho e abraçar a alegria e a paz que vêm de uma vida de humildade e dependência do Senhor.

A FORÇA NA DEPENDÊNCIA DO PAI

A verdadeira força não está na independência ou na autossuficiência, mas na dependência total de Deus. Essa é uma verdade paradoxal para o mundo, que enxerga a dependência como sinal de fraqueza. Contudo, a Bíblia nos mostra que é na entrega ao Pai que encontramos a verdadeira força para enfrentar os desafios da vida. O apóstolo Paulo testemunha essa realidade em 2 Coríntios 12:9: "Minha graça é suficiente para você, pois o meu poder se aperfeiçoa na fraqueza." Essa declaração nos ensina que, quanto mais reconhecemos nossas limitações e nos voltamos a Deus, mais experimentamos sua graça e poder.

A força na dependência do Pai é evidenciada ao longo das Escrituras. Em Deuteronômio 31:6, Moisés exorta o povo de Israel: "Sejam fortes e corajosos. Não tenham medo nem fiquem apavorados por causa deles, pois o Senhor, o seu Deus, vai com vocês; nunca os deixará, nunca os abandonará." Essa confiança em Deus permitiu que o povo enfrentasse inimigos e superasse desafios que seriam impossíveis por suas próprias forças. Da mesma forma, somos chamados a confiar plenamente em Deus, sabendo que ele é fiel para nos sustentar e guiar.

Além disso, a dependência de Deus fortalece nossa fé e nos permite enfrentar adversidades com coragem e paz. Davi, ao enfrentar Golias, declarou: "Você vem contra mim com espada, com lança e com dardo, mas eu vou contra você em nome do Senhor dos Exércitos" (1 Samuel 17:45). Sua confiança não estava em sua habilidade ou em armas humanas, mas no poder de Deus. Essa dependência foi a chave para sua vitória, mostrando que a força verdadeira vem de confiar no Pai, não em nossas próprias capacidades.

Por fim, depender de Deus nos permite experimentar uma paz que excede todo entendimento. Quando entregamos nossas preocupações e planos a ele, somos libertos da ansiedade e do medo. Filipenses 4:6-7 nos instrui: "Não andem ansiosos por coisa alguma, mas em tudo, pela oração e súplicas, e com ação de graças, apresentem seus pedidos a Deus. E a paz de Deus, que excede todo o entendimento, guardará os seus corações e as suas mentes em Cristo Jesus." Essa paz é o fruto de uma vida que confia plenamente no cuidado e no amor do Pai.

Este subtítulo nos desafia a abandonar a ilusão de autossuficiência e a abraçar a força que vem da dependência de Deus. Que possamos reconhecer nossa necessidade do Pai em todas as áreas de nossa vida e experimentar a força, a paz e a alegria que vêm de confiar plenamente nele.

CAPÍTULO 6

RELAÇÕES VAZIAS E CORAÇÕES DESILUDIDOS

Relacionamentos são uma parte essencial da vida humana. Deus nos criou para viver em comunhão, tanto com ele quanto com outras pessoas. No entanto, em um mundo marcado pela superficialidade e pelo individualismo, muitos experimentam relações que carecem de profundidade e significado. Essas conexões vazias deixam marcas profundas, gerando desilusão, frustração e solidão. Salomão expressa essa realidade em Provérbios 18:24: "Quem tem muitos amigos pode chegar à ruína, mas existe amigo mais apegado que um irmão." Esse contraste evidencia a diferença entre relacionamentos superficiais e aqueles que realmente nutrem e edificam a alma.

As relações vazias frequentemente surgem de expectativas irreais e motivações equivocadas. Muitas vezes, buscamos no outro a plenitude e a segurança que apenas Deus pode oferecer. Quando essas expectativas não são correspondidas, o resultado é um coração desiludido. O exemplo da mulher samaritana em João 4 ilustra essa busca. Ela havia tido múltiplos relacionamentos, mas continuava sedenta, até encontrar em Jesus a verdadeira fonte de satisfação. Sua história nos lembra que, sem a presença de Deus, mesmo os relacionamentos mais promissores se tornam insuficientes.

Neste capítulo, exploraremos as causas e as consequências das relações vazias e o impacto da desilusão no coração humano. No entanto, também veremos que existe esperança: o amor incondicional de Deus é a resposta para nossas carências e frustrações. Quando colocamos nossa confiança nele, somos capacitados a construir conexões genuínas, baseadas em amor, perdão e propósito eterno. Que esta reflexão nos conduza a uma compreensão mais profunda do que significa viver em comunhão com Deus e com os outros, experimentando relacionamentos que verdadeiramente refletem sua graça e verdade.

EXPECTATIVAS IRREAIS EM RELACIONAMENTOS

Relacionamentos têm o potencial de trazer alegria, apoio e crescimento, mas também podem ser fontes de grande frustração. Isso ocorre, muitas vezes, quando colocamos expectativas irreais sobre as pessoas ao nosso redor. Essas expectativas, baseadas em ideais perfeitos ou na crença de que outro ser humano pode suprir todas as nossas necessidades emocionais, resultam inevitavelmente em desilusão. Em Jeremias 17:5, Deus nos adverte: "Maldito é o homem que confia nos homens, que faz da humanidade mortal a sua força, mas cujo coração se afasta do Senhor." Este versículo nos lembra que, ao depositar nossa confiança excessivamente em outros, negligenciamos a verdadeira fonte de segurança e satisfação.

Expectativas irreais surgem quando idealizamos pessoas e situações, esperando que sejam infalíveis. Isso pode acontecer em amizades, casamentos, relacionamentos familiares ou até mesmo no contexto da igreja. Esperamos que o outro nunca nos decepcione, compreenda perfeitamente nossas emoções ou esteja sempre disponível, mas essa visão não leva em conta a fragilidade humana. Quando essas expectativas não são atendidas, sentimentos de mágoa, rejeição e insatisfação tomam conta. A história de Marta e Maria em Lucas 10:38-42 ilustra essa dinâmica. Marta esperava que sua irmã compartilhasse de suas preocupações com o serviço, mas Jesus corrigiu sua perspectiva, mostrando que a prioridade era estar aos pés dele. Isso nos ensina que, quando nossos relacionamentos estão baseados em Cristo, as expectativas são ajustadas.

Outro fator que contribui para expectativas irreais é a influência cultural, que frequentemente nos apresenta modelos distorcidos de relacionamentos perfeitos. Filmes, redes sociais e padrões idealizados criam uma falsa narrativa de que é possível encontrar alguém que preencha completamente nosso vazio. No entanto, a realidade é que ninguém, exceto Deus, pode suprir as necessidades mais profundas do nosso coração. Em Salmos 62:5-6, o salmista declara: "Somente em Deus, ó minha alma, espera silenciosa; dele vem a minha esperança. Somente ele é a minha rocha e a minha salvação; ele é o meu alto refúgio; não serei abalado." Esse reconhecimento nos liberta da pressão de esperar que os outros cumpram um papel que pertence exclusivamente ao Senhor.

Expectativas irreais também levam a uma dependência emocional prejudicial, que coloca um peso excessivo sobre os relacionamentos. Em vez de buscar equilíbrio e mutualidade, passamos a exigir mais do que o outro pode oferecer, gerando desgaste e distanciamento. A solução para isso é cultivar uma visão bíblica de relacionamentos, onde Deus ocupa o lugar central e nos tornamos canais de amor e graça, em vez de meros receptores. Jesus nos chama a amar como ele nos amou, com um amor sacrificial e incondicional, que não depende do comportamento ou da resposta do outro (João 13:34).

Para superar as expectativas irreais, precisamos alinhar nossos relacionamentos com os princípios divinos. Isso inclui reconhecer nossas próprias limitações e as dos outros, praticar o perdão e confiar que Deus é suficiente para suprir todas as nossas necessidades. Filipenses 4:19 nos garante: “O meu Deus suprirá todas as necessidades de vocês, de acordo com as suas gloriosas riquezas em Cristo Jesus.” Quando entregamos nossos relacionamentos ao Senhor, ele nos capacita a experimentar conexões saudáveis e significativas, fundamentadas na sua verdade e amor.

Este subtítulo nos desafia a refletir sobre nossas expectativas nos relacionamentos. Estamos esperando do outro aquilo que apenas Deus pode oferecer? Que possamos ajustar nossa visão, confiando em Deus como nossa fonte e permitindo que seus princípios guiem nossas interações, para que experimentemos a verdadeira plenitude em nossas conexões.

QUANDO BUSCAMOS PLENITUDE EM OUTRO SER HUMANO

A busca por plenitude é um anseio natural do coração humano, mas quando tentamos preenchê-lo em outro ser humano, nos deparamos com frustração e vazio. Deus nos criou para viver em comunhão com ele, e somente em sua presença encontramos a verdadeira satisfação. No entanto, a natureza pecaminosa nos leva a procurar essa completude em relacionamentos terrenos, esperando que pessoas supram necessidades que apenas Deus pode satisfazer. Em Salmos 16:11, lemos: "Tu me farás conhecer a vereda da vida, a alegria plena da tua presença, eterno prazer à tua direita." Essa verdade nos lembra que é em Deus, e não em outros, que a plenitude reside.

Quando buscamos plenitude em outra pessoa, seja em amizades, casamento ou laços familiares, colocamos sobre ela um fardo impossível de carregar. Nenhum ser humano é capaz de suprir completamente nossas necessidades emocionais, espirituais e existenciais. Essa dinâmica frequentemente leva à dependência emocional, à decepção e até mesmo ao desgaste dos relacionamentos. A mulher samaritana em João 4 é um exemplo disso. Após uma série de relacionamentos frustrados, ela encontrou em Jesus a fonte da água viva, capaz de saciar sua sede espiritual e trazer propósito à sua vida. Essa história nos ensina que a busca por plenitude em pessoas inevitavelmente falha, mas Cristo é a fonte que jamais nos decepcionará.

Além disso, essa busca pode criar um ciclo de idolatria, em que elevamos o outro a um pedestal, esperando dele o que deveríamos buscar em Deus. O apóstolo Paulo nos adverte em Romanos 1:25 que muitos "trocaram a verdade de Deus pela mentira, e adoraram e serviram coisas e seres criados em lugar do Criador." Essa inversão de prioridades nos desvia do propósito de refletir a glória de Deus em nossos relacionamentos, transformando-os em fontes de ansiedade, possessividade e desilusão.

O problema de buscar plenitude em outro ser humano não é apenas espiritual, mas também prático. Isso cria expectativas irreais que sobrecarregam o relacionamento, tornando difícil experimentar alegria e intimidade genuína. Em vez de nos unirmos em um amor baseado na graça e no perdão, acabamos nos prendendo a exigências que geram conflitos e ressentimentos. Em Mateus 22:37-39, Jesus nos ensina que o amor a Deus deve ser o primeiro e maior mandamento, e que o amor ao próximo é consequência disso. Somente quando amamos a Deus em primeiro lugar podemos experimentar relacionamentos saudáveis e equilibrados.

Para romper com essa dinâmica, é essencial redirecionar nossa busca por plenitude para Deus. Em Filipenses 4:19, Paulo nos garante: "O meu Deus suprirá todas as necessidades de vocês, de acordo com as suas gloriosas riquezas em Cristo Jesus." Quando reconhecemos que ele é a única fonte capaz de satisfazer plenamente nosso coração, somos libertos da dependência de outros e passamos a amar de forma mais saudável. Relacionamentos deixam de ser um lugar de cobrança e passam a ser um espaço de mutualidade, onde tanto damos quanto recebemos com alegria e gratidão.

Este subtítulo nos desafia a refletir: temos buscado plenitude em pessoas ou em Deus? Que possamos realinhar nossos corações, colocando Cristo no centro de nossas vidas e permitindo que seus princípios moldem nossos relacionamentos. Somente assim encontraremos a verdadeira paz e satisfação, vivendo em comunhão com Deus e em harmonia com o próximo.

AMORES CONDICIONAIS E O VAZIO DA REJEIÇÃO

O amor condicional é uma realidade dolorosa que muitos enfrentam. É um tipo de amor baseado em expectativas, comportamentos e resultados, que frequentemente deixa um rastro de rejeição e vazio. Ao contrário do amor incondicional de Deus, o amor condicional impõe limites e exige perfeição, tornando-se uma fonte de insegurança e sofrimento. Em Isaías 49:15, Deus declara: "Pode uma mãe esquecer-se do bebê que ainda mama e não ter compaixão do filho que gerou? Embora ela possa esquecê-lo, eu não me esquecerei de você!" Esse contraste ressalta a diferença entre o amor humano, muitas vezes falho, e o amor divino, que é constante e imutável.

O vazio da rejeição, que surge do amor condicional, tem um impacto profundo na alma. Quando nos sentimos aceitos apenas com base no que fazemos ou no que oferecemos, carregamos o peso de tentar constantemente provar nosso valor. Essa dinâmica pode se manifestar em vários tipos de relacionamentos: familiares, românticos e até mesmo na comunidade de fé. No entanto, a rejeição nunca é um reflexo de nossa verdadeira identidade, mas das limitações humanas. A Bíblia nos oferece consolo em Salmos 27:10: "Ainda que me abandonem pai e mãe, o Senhor me acolherá." Essa promessa nos lembra que, mesmo diante da rejeição, somos profundamente amados e aceitos por Deus.

Amores condicionais também criam um ciclo de medo e ansiedade, pois o receio de não atender às expectativas leva a um constante estado de alerta. Isso afeta nossa autoestima e distorce nossa visão de Deus, levando-nos a acreditar que ele também nos ama de forma condicional. Contudo, Romanos 8:38-39 declara: "Estou convencido de que nem morte nem vida, nem anjos nem demônios, nem o presente nem o futuro, nem quaisquer poderes, nem altura nem profundidade, nem qualquer outra coisa na criação será capaz de nos separar do amor de Deus que está em Cristo Jesus, nosso Senhor." Esse amor inabalável é a cura para as feridas causadas por rejeições humanas.

Além disso, o vazio da rejeição frequentemente nos leva a buscar validação em lugares errados, perpetuando o ciclo de amores condicionais. Tentamos preencher a lacuna com relacionamentos superficiais, conquistas ou até mesmo dependências emocionais, mas esses esforços sempre falham. A mulher adúltera, em João 8, é um exemplo disso. Rejeitada pela sociedade e condenada por seus erros, ela encontrou em Jesus não apenas perdão, mas uma aceitação que transformou sua vida. Esse encontro nos ensina que somente o amor de Deus é capaz de preencher o vazio deixado pela rejeição.

Para superar o impacto dos amores condicionais, é essencial voltar à fonte do amor verdadeiro: Deus. Ele nos ama, não pelo que fazemos, mas por quem somos – seus filhos redimidos em Cristo. Em 1 João 4:10, lemos: "Nisto consiste o amor: não em que nós tenhamos amado a Deus, mas em que ele nos amou e enviou seu Filho como propiciação pelos nossos pecados." Quando compreendemos e experimentamos esse amor, somos libertos da necessidade de buscar aceitação em fontes imperfeitas e passamos a viver com confiança e paz.

Este subtítulo nos desafia a refletir: temos buscado amor em condições humanas limitadas ou no amor incondicional de Deus? Que possamos abandonar as expectativas irreais que carregamos e encontrar em Deus a segurança e a plenitude que tanto desejamos.

O AMOR INCONDICIONAL DE DEUS COMO RESPOSTA

O amor incondicional de Deus é a resposta para os anseios mais profundos do coração humano. Em um mundo onde os relacionamentos são frequentemente marcados por condições e expectativas, o amor divino se destaca como uma fonte de segurança, aceitação e plenitude. Diferente do amor humano, que pode ser frágil e instável, o amor de Deus não depende de nosso desempenho ou merecimento. Ele nos ama porque é sua essência amar, conforme declarado em 1 João 4:8: "Deus é amor." Esse amor nos chama a abandonar as inseguranças e os medos que surgem das rejeições humanas e a descansar na certeza de que somos preciosos aos olhos do Criador.

O amor incondicional de Deus foi demonstrado de forma suprema na cruz. Em Romanos 5:8, lemos: "Mas Deus demonstra seu amor por nós: Cristo morreu em nosso favor quando ainda éramos pecadores." Essa verdade nos ensina que o amor de Deus não é baseado em quem somos, mas em quem ele é. Mesmo em nossos momentos mais frágeis e indignos, ele nos ama plenamente. Esse amor é a base que nos sustenta em meio às dificuldades da vida e nos capacita a enfrentar o vazio deixado por rejeições ou decepções em nossos relacionamentos humanos.

Além disso, o amor incondicional de Deus é transformador. Ele não apenas nos aceita como somos, mas nos molda para nos tornarmos mais parecidos com Cristo.

Em 2 Coríntios 5:17, Paulo afirma: "Se alguém está em Cristo, é nova criação. As coisas antigas já passaram; eis que surgiram coisas novas!" Quando experimentamos esse amor, ele nos liberta das amarras da culpa e da vergonha, nos dá uma nova identidade e nos equipa para viver em liberdade e propósito. É esse amor que nos permite construir relacionamentos saudáveis, baseados em perdão, paciência e graça.

O amor de Deus também nos oferece segurança eterna. Enquanto os amores terrenos podem falhar, o amor de Deus nunca nos abandona. Em Salmos 136:1, lemos: "Deem graças ao Senhor porque ele é bom. O seu amor dura para sempre!" Essa promessa nos garante que, independentemente das circunstâncias, sempre podemos contar com o cuidado e a presença de Deus. Esse amor fiel é um porto seguro em meio às tempestades da vida, trazendo paz e confiança ao nosso coração.

Por fim, o amor incondicional de Deus nos chama a amar os outros da mesma forma. Jesus nos ordena em João 13:34: "Amem-se uns aos outros como eu os amei." Esse mandamento nos desafia a refletir o amor de Deus em nossos relacionamentos, oferecendo aceitação, compaixão e perdão, mesmo quando não são merecidos. Quando vivemos e compartilhamos esse amor, nos tornamos agentes de cura e reconciliação, espalhando a graça divina em um mundo sedento de amor verdadeiro.

Este subtítulo nos convida a abandonar as inseguranças causadas pelos amores condicionais e a abraçar o amor perfeito de Deus. Que possamos viver diariamente na segurança desse amor, permitindo que ele nos transforme e nos conduza a uma vida de paz, alegria e plenitude.

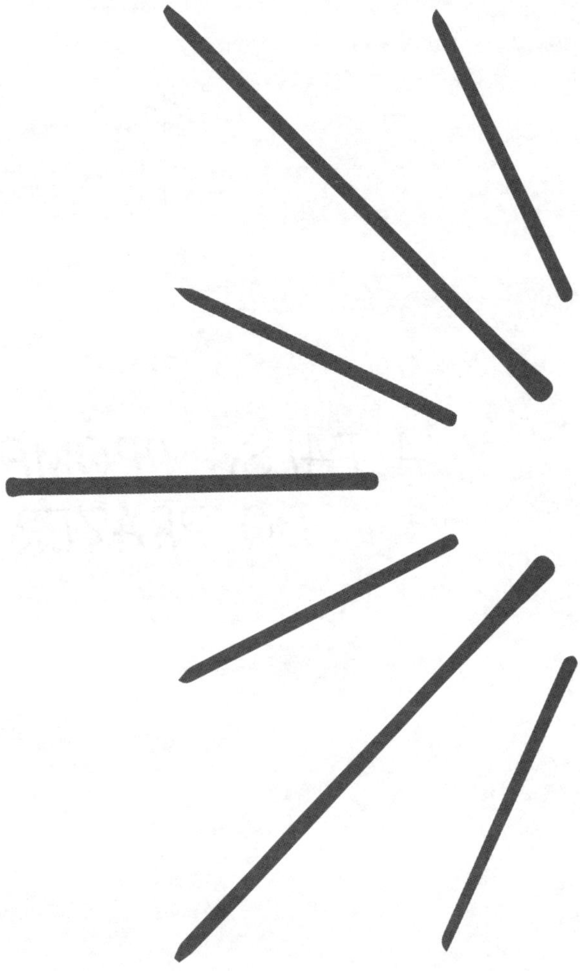

CAPÍTULO 7

A FALSA PROMESSA DO PRAZER

A busca pelo prazer é uma das forças mais poderosas que movem a humanidade. Desde o início, o ser humano procura por experiências que tragam satisfação imediata e alegria. No entanto, o prazer, quando buscado como fim em si mesmo, torna-se uma promessa enganosa. Ele oferece uma felicidade momentânea, mas frequentemente deixa um rastro de vazio e culpa. Salomão, que experimentou todos os tipos de prazeres, reconheceu em Eclesiastes 2:1: "Eu disse a mim mesmo: 'Venha, experimente a alegria; descubra as coisas boas da vida!' Mas isso também se revelou inútil." Suas palavras refletem a futilidade de uma vida centrada em prazeres temporais.

A falsa promessa do prazer está em sua incapacidade de preencher as necessidades mais profundas da alma. Ao buscarmos satisfação em coisas passageiras – seja em entretenimento, prazeres sensuais ou conquistas materiais –, nos afastamos da verdadeira fonte de alegria: Deus. Em Salmos 16:11, o salmista declara: "Tu me farás conhecer a vereda da vida, a alegria plena da tua presença, eterno prazer à tua direita." Esse contraste nos lembra que o prazer genuíno e duradouro só é encontrado em um relacionamento íntimo com o Criador.

Este capítulo explora os perigos da busca desenfreada por prazer e suas consequências espirituais e emocionais. No entanto, também aponta para a verdadeira alegria que está disponível em Cristo. Que esta reflexão nos ajude a discernir entre os prazeres que satisfazem temporariamente e aqueles que trazem alegria eterna, guiando-nos a uma vida centrada no que realmente tem valor.

O HEDONISMO E A BUSCA PELO PRAZER ACIMA DE TUDO

O hedonismo, a filosofia que coloca o prazer como o objetivo máximo da vida, tem sido uma força dominante em muitas culturas ao longo da história. Embora o desejo por prazer seja inerente ao ser humano, essa busca se torna perigosa quando ocupa o lugar de Deus em nossos corações. A Bíblia nos adverte sobre os perigos de uma vida centrada no prazer em 2 Timóteo 3:4, descrevendo pessoas que são "amantes dos prazeres, mais do que amigos de Deus." Esse versículo expõe a inversão de prioridades que ocorre quando o prazer se torna um ídolo, levando à insatisfação e à separação de Deus.

A busca desenfreada pelo prazer frequentemente promete liberdade, mas resulta em escravidão. Aquilo que inicialmente traz satisfação logo exige doses maiores para manter o mesmo nível de alegria, criando um ciclo de dependência. Essa dinâmica é claramente ilustrada na vida do filho pródigo (Lucas 15:11-32). Em sua busca por prazer e independência, ele gastou todos os seus recursos em prazeres efêmeros, mas acabou sozinho e faminto. Sua história revela que o hedonismo, longe de trazer realização, leva à ruína e ao vazio espiritual.

Além disso, o hedonismo desvia nosso foco do que é eterno e significativo. Jesus nos alertou em Mateus 6:19-20: "Não acumulem para vocês tesouros na terra, onde a traça e a ferrugem destroem, e onde os ladrões arrombam e furtam. Mas acumulem para vocês tesouros no céu." Essa instrução nos chama a buscar uma alegria duradoura, fundamentada em nosso relacionamento com Deus e em valores eternos, em vez de nos entregarmos a prazeres momentâneos que desaparecem rapidamente.

Superar a mentalidade hedonista exige uma mudança de perspectiva. Em vez de buscar prazer como o objetivo final, somos chamados a buscar primeiro o Reino de Deus e sua justiça (Mateus 6:33). Essa busca nos direciona a um prazer genuíno e duradouro, que não se baseia em circunstâncias externas, mas na presença constante de Deus em nossas vidas. Salmos 37:4 nos encoraja: "Deleite-se no Senhor, e ele atenderá aos desejos do seu coração." Quando encontramos prazer em Deus, nossas prioridades mudam, e experimentamos uma alegria que transcende as circunstâncias.

Este subtítulo nos convida a refletir: temos permitido que a busca pelo prazer guie nossas vidas, ou estamos encontrando verdadeira satisfação em Deus? Que possamos abandonar o engano do hedonismo e buscar a alegria eterna que só ele pode oferecer.

QUANDO O PRAZER SE TORNA ESCRAVIDÃO

O prazer, quando colocado no centro da vida, tem o potencial de se transformar em uma prisão. O que começa como uma busca por alegria e satisfação rapidamente se torna uma escravidão, onde a pessoa se vê presa a hábitos e desejos que consomem sua mente, corpo e espírito. Em 2 Pedro 2:19, lemos: "Prometem-lhes liberdade, enquanto eles mesmos são escravos da corrupção, pois o homem é escravo daquilo que o domina." Esse versículo revela o paradoxo do prazer: o que inicialmente oferece liberdade, muitas vezes resulta em cativeiro.

Quando o prazer se torna um ídolo, ele exige sacrifícios constantes. A busca por satisfação momentânea leva a um ciclo interminável de consumo, seja em vícios, como drogas e álcool, ou em comportamentos, como o uso excessivo de redes sociais e compras compulsivas. Essas práticas prometem aliviar o estresse e trazer felicidade, mas apenas aprofundam o vazio e aumentam a dependência. O exemplo do rei Salomão, que experimentou todos os tipos de prazeres, é um alerta poderoso. Em Eclesiastes 2:10-11, ele confessa: "Nada neguei aos meus olhos do que desejaram; não me recusei a dar prazer algum ao meu coração. Mas, ao refletir sobre tudo o que minhas mãos haviam feito e o trabalho que eu tanto me esforçara para realizar, percebi que tudo foi inútil, foi correr atrás do vento." Sua conclusão evidencia que a escravidão ao prazer não pode preencher o vazio espiritual.

Além disso, a escravidão ao prazer frequentemente nos afasta de Deus. Em vez de buscarmos nele a fonte de nossa satisfação, colocamos nossa confiança em coisas passageiras. Jesus nos adverte em João 8:34: "Todo aquele que vive pecando é escravo do pecado." Esse ciclo de dependência cria barreiras em nosso relacionamento com Deus, dificultando nossa capacidade de ouvir sua voz e viver de acordo com sua vontade. Para romper com essa escravidão, é necessário reconhecer nossa incapacidade de nos libertar sozinhos e buscar a ajuda do Senhor, que é poderoso para nos resgatar.

Outro aspecto devastador dessa escravidão é o impacto em nossos relacionamentos. Quando estamos presos à busca incessante por prazer, começamos a negligenciar as pessoas ao nosso redor, priorizando nossos próprios desejos. Isso resulta em isolamento, conflitos e uma profunda sensação de vazio emocional. No entanto, Deus nos chama a um caminho diferente, onde o verdadeiro prazer é encontrado em sua presença e em relacionamentos baseados em amor e sacrifício. Salmos 16:11 declara: "Tu me farás conhecer a vereda da vida, a alegria plena da tua presença, eterno prazer à tua direita."

A libertação dessa escravidão começa com o arrependimento e a entrega total a Deus. Em Romanos 6:22, Paulo escreve: "Mas agora que vocês foram libertados do pecado e se tornaram escravos de Deus, o fruto que colhem leva à santidade, e o seu fim é a vida eterna." A verdadeira liberdade não está em buscar prazer desenfreadamente, mas em viver para Deus, experimentando a alegria e a paz que ele oferece.

Este subtítulo nos convida a examinar nosso coração: estamos presos à busca incessante por prazer, ou estamos vivendo na liberdade que Cristo nos oferece? Que possamos abandonar as cadeias do prazer temporal e abraçar a vida abundante que só Deus pode proporcionar.

PRAZERES TEMPORÁRIOS, DORES PERMANENTES

Os prazeres deste mundo são, em sua essência, temporários. Eles oferecem alívio momentâneo, mas frequentemente deixam um rastro de dor e arrependimento. A Bíblia nos adverte em Provérbios 14:12: "Há caminho que parece certo ao homem, mas no final conduz à morte." Esse versículo ilustra a armadilha dos prazeres efêmeros: enquanto prometem felicidade, suas consequências podem ser devastadoras, tanto para a alma quanto para o corpo.

A busca por prazeres imediatos frequentemente resulta em escolhas impulsivas e autodestrutivas. Relacionamentos quebrados, dependências e um senso de vazio são alguns dos frutos amargos que colhemos ao perseguir a satisfação a qualquer custo. A história de Esaú é um exemplo claro desse padrão. Em Gênesis 25:29-34, ele trocou seu direito de primogenitura por um prato de lentilhas, buscando um prazer momentâneo sem considerar as consequências de longo prazo. Sua decisão impulsiva trouxe arrependimento e dor duradoura, nos alertando sobre os perigos de priorizar o imediato em detrimento do eterno.

Além disso, prazeres temporários frequentemente geram uma insatisfação crescente. Quanto mais buscamos preenchimento em coisas passageiras, mais evidente se torna o vazio que elas deixam. Isso ocorre porque fomos criados para encontrar satisfação em Deus, não em substitutos. Salomão expressa essa verdade em Eclesiastes

5:10: "Quem ama o dinheiro jamais terá o suficiente; quem ama as riquezas jamais ficará satisfeito com a sua renda." Esse princípio se aplica a todos os tipos de prazer: quanto mais buscamos, menos encontramos o contentamento que realmente almejamos.

Os prazeres temporários também têm um impacto espiritual profundo, afastando-nos de Deus e obscurecendo nossa visão de seu plano para nossas vidas. Em 1 João 2:15-17, somos exortados: "Não amem o mundo nem o que nele há. Se alguém ama o mundo, o amor do Pai não está nele. Pois tudo o que há no mundo – a cobiça da carne, a cobiça dos olhos e a ostentação dos bens – não provém do Pai, mas do mundo. O mundo e a sua cobiça passam, mas aquele que faz a vontade de Deus permanece para sempre." Esse contraste nos chama a reavaliar nossas prioridades e a buscar o que tem valor eterno.

Por outro lado, quando buscamos em Deus nossa fonte de alegria, encontramos prazeres que são duradouros e satisfatórios. Salmos 36:8-9 declara: "Eles se banqueteiam na fartura da tua casa; tu lhes dás de beber do teu rio de delícias. Pois em ti está a fonte da vida; graças à tua luz, vemos a luz." O prazer que vem de estar na presença de Deus não apenas satisfaz, mas também nos fortalece e nos direciona para uma vida plena e significativa.

Este subtítulo nos desafia a refletir: estamos buscando prazeres que nos levam a dores permanentes ou investindo em uma alegria que vem de Deus? Que possamos abandonar os prazeres temporários que nos desviam do caminho e abraçar o convite de Deus para uma vida de satisfação verdadeira e eterna.

A VERDADEIRA ALEGRIA EM CRISTO

A verdadeira alegria é uma dádiva que transcende circunstâncias e não se baseia em prazeres momentâneos, mas em um relacionamento profundo e íntimo com Cristo. Diferente das felicidades fugazes oferecidas pelo mundo, a alegria em Cristo é duradoura e preenche o vazio mais profundo da alma. O salmista expressa essa realidade em Salmos 16:11: "Tu me farás conhecer a vereda da vida, a alegria plena da tua presença, eterno prazer à tua direita." Esse versículo nos convida a encontrar em Deus a fonte de uma alegria que nenhuma dificuldade ou perda pode roubar.

A alegria em Cristo não é superficial; ela é fundamentada na confiança em sua soberania e no amor incondicional que ele tem por nós. Em Filipenses 4:4, Paulo escreve: "Alegrem-se sempre no Senhor. Novamente direi: alegrem-se!" É importante notar que Paulo fez essa exortação enquanto estava preso, o que demonstra que sua alegria não dependia de circunstâncias externas, mas de sua comunhão com Cristo. Essa é a essência da verdadeira alegria: uma paz inabalável que brota da certeza de que somos amados e sustentados pelo Salvador.

Além disso, a alegria em Cristo nos capacita a enfrentar os desafios da vida com coragem e esperança. Em Neemias 8:10, encontramos a declaração: "A alegria do Senhor é a sua força." Essa alegria nos dá energia para perseverar em meio às dificuldades, sabendo que nossa força não vem de nós mesmos, mas de Deus. Ela nos lembra que, mesmo em tempos de provação, estamos firmados em um alicerce sólido que nunca falha. Essa perspectiva nos livra da dependência de prazeres temporários, permitindo-nos viver com propósito e contentamento.

A verdadeira alegria em Cristo também transforma a maneira como nos relacionamos com os outros. Quando experimentamos o amor e a graça de Deus, somos capacitados a compartilhar essa alegria com aqueles ao nosso redor. Jesus nos ensina em João 15:11: "Tenho lhes dito estas palavras para que a minha alegria esteja em vocês e a alegria de vocês seja completa." Esse convite nos chama a permanecer em Cristo, de modo que sua alegria se torne nossa e transborde para impactar a vida de outros.

Por fim, a alegria em Cristo nos aponta para o futuro. Ela é uma antecipação da alegria eterna que experimentaremos em sua presença. Em Apocalipse 21:4, lemos: "Ele enxugará dos seus olhos toda lágrima. Não haverá mais morte, nem tristeza, nem choro, nem dor, pois a antiga ordem já passou." Essa promessa nos dá esperança e nos lembra que, independentemente das circunstâncias atuais, a plenitude da alegria nos espera na eternidade com Deus.

Este subtítulo nos convida a abandonar a busca por alegrias passageiras e a encontrar em Cristo a verdadeira e duradoura alegria. Que possamos nos deleitar em sua presença, confiar em seu amor e viver com a certeza de que nele temos tudo o que precisamos para experimentar a plenitude de uma vida alegre e significativa.

CAPÍTULO 8

A ANSIEDADE E O MEDO DO FUTURO

A ansiedade e o medo do futuro são desafios que têm assolado o coração humano desde o início dos tempos. Em um mundo incerto, onde as circunstâncias mudam rapidamente, é natural que surjam preocupações sobre o que está por vir. Contudo, quando esses sentimentos dominam nossa mente e governam nossas ações, perdemos a paz e nos afastamos da confiança em Deus. Jesus, em sua sabedoria, nos instrui em Mateus 6:34: "Portanto, não se preocupem com o amanhã, pois o amanhã trará as suas próprias preocupações. Basta a cada dia o seu próprio mal." Essas palavras nos convidam a viver o presente com fé, confiando que Deus está no controle de todas as coisas.

A ansiedade frequentemente nasce do desejo de controle e da incapacidade de prever ou garantir resultados. Queremos segurança e estabilidade, mas nos esquecemos de que essas só podem ser encontradas em Deus. A Bíblia nos assegura em Filipenses 4:6-7: "Não andem ansiosos por coisa alguma, mas em tudo, pela oração e súplicas, e com ação de graças, apresentem seus pedidos a Deus. E a paz de Deus, que excede todo o entendimento, guardará os seus corações e as suas mentes em Cristo Jesus." Essa promessa nos lembra que, quando entregamos nossas preocupações ao Senhor, ele nos dá uma paz que supera qualquer incerteza.

Este capítulo examinará as raízes da ansiedade e do medo, suas consequências em nossa vida espiritual e emocional, e como a confiança em Deus pode ser o antídoto para essas lutas. Veremos que descansar nas promessas de Deus não apenas nos liberta da ansiedade, mas também nos dá coragem para enfrentar o futuro com esperança. Que esta reflexão nos conduza a uma entrega completa ao cuidado do Pai, que é fiel e nunca nos abandona.

O DESEJO DE CONTROLE COMO RAIZ DA ANSIEDADE

A ansiedade frequentemente encontra sua raiz no desejo humano de controlar todas as circunstâncias da vida. Desde o início, o ser humano tenta tomar o controle de seu destino, mas rapidamente se depara com suas limitações. Esse desejo de controle cria uma tensão constante, pois a realidade é que há muito pouco que realmente podemos governar. Em Provérbios 19:21, lemos: "Muitos são os planos no coração do homem, mas o que prevalece é o propósito do Senhor." Essa verdade nos lembra que, por mais que tentemos planejar e controlar, é Deus quem tem a soberania sobre todas as coisas.

O desejo de controle é alimentado por nossa busca por segurança. Queremos garantir que nossas necessidades serão supridas, que nossas decisões trarão bons resultados e que estaremos protegidos de perigos e fracassos. Contudo, essa busca se torna uma armadilha, levando-nos a viver em um estado constante de alerta e preocupação. O exemplo de Marta, em Lucas 10:38-42, ilustra essa dinâmica. Marta estava ansiosa e inquieta com os preparativos, tentando controlar cada detalhe, enquanto Maria escolheu estar aos pés de Jesus, desfrutando da presença do Mestre. Jesus, então, disse: "Marta, Marta, você está preocupada e inquieta com muitas coisas; todavia, apenas uma é necessária." Essa história nos ensina que o desejo de controle nos afasta do que realmente importa: confiar e descansar em Deus.

Além disso, o desejo de controle nos leva a uma falsa sensação de responsabilidade sobre tudo e todos. Achamos que cabe a nós garantir o bem-estar de nossa família, o sucesso no trabalho ou o cumprimento de nossos planos. Essa mentalidade sobrecarrega nosso coração e nos distancia da confiança no cuidado de Deus. Em 1 Pedro 5:7, somos encorajados a lançar sobre ele todas as nossas ansiedades, porque ele cuida de nós. Essa atitude de entrega é fundamental para romper com o ciclo da ansiedade e encontrar paz em meio à incerteza.

A busca por controle também revela uma falta de confiança na soberania e bondade de Deus. Muitas vezes, tentamos tomar as rédeas de nossa vida porque temos dificuldade em acreditar que Deus está no controle e que seus planos são melhores do que os nossos. No entanto, Jeremias 29:11 nos assegura: "Porque sou eu que conheço os planos que tenho para vocês', diz o Senhor, 'planos de fazê-los prosperar e não de causar dano, planos de dar a vocês esperança e um futuro'." Quando reconhecemos que Deus é soberano e bom, podemos liberar nossa necessidade de controle e descansar em sua direção perfeita.

Para vencer o desejo de controle e a ansiedade que ele gera, é necessário cultivar uma confiança profunda em Deus. Isso envolve uma entrega diária, através da oração e da meditação em sua Palavra, buscando lembrar que ele é fiel e cuida de cada detalhe de nossa vida. Em Salmos 37:5, lemos: "Entregue o seu caminho ao Senhor; confie nele, e ele agirá." Essa entrega nos permite viver com paz, sabendo que, mesmo quando não entendemos o futuro, podemos confiar naquele que o sustenta.

Este subtítulo nos desafia a refletir: estamos tentando controlar tudo ao nosso redor, ou estamos confiando na soberania de Deus? Que possamos abandonar o fardo de tentar controlar o incontrolável e descansar na segurança de que o Pai cuida de nós em todo tempo.

A INSATISFAÇÃO ALIMENTADA PELO MEDO

O medo do futuro é uma das principais causas da insatisfação na vida humana. Quando permitimos que o medo domine nossos pensamentos, perdemos a capacidade de enxergar as bênçãos presentes e nos tornamos prisioneiros de uma preocupação constante com o que pode dar errado. Essa inquietação alimenta a insatisfação, pois nosso coração se foca mais nas incertezas do amanhã do que na provisão e na fidelidade de Deus hoje. Jesus nos advertiu em Mateus 6:25: "Portanto, eu lhes digo: não se preocupem com sua própria vida, quanto ao que comer ou beber; nem com seu próprio corpo, quanto ao que vestir. Não é a vida mais importante que a comida, e o corpo mais importante que a roupa?" Essa instrução nos lembra que, ao confiar em Deus, podemos viver livres do medo e da ansiedade.

O medo amplifica a insatisfação porque nos faz acreditar que nunca estamos preparados ou suficientemente equipados para enfrentar o que está por vir. Essa sensação nos leva a buscar controle em áreas que não podemos governar, criando uma falsa ideia de segurança. Em Números 13, os espias enviados para explorar a terra prometida permitiram que o medo ofuscasse a promessa de Deus. Apesar das evidências da abundância da terra, a maioria deles se focou nos gigantes e nas cidades fortificadas, declarando: "Não podemos atacar aquele povo; é mais forte do que nós." (Números 13:31). O medo os levou à incredulidade, privando-os da alegria e da confiança nas promessas do Senhor.

Além disso, o medo nos afasta de uma vida de contentamento e gratidão. Quando estamos constantemente preocupados com o que pode acontecer, deixamos de valorizar o que Deus já fez e está fazendo em nossas vidas. Paulo, em Filipenses 4:6-7, nos exorta: "Não andem ansiosos por coisa alguma, mas em tudo, pela oração e súplicas, e com ação de graças, apresentem seus pedidos a Deus. E a paz de Deus, que excede todo o entendimento, guardará os seus corações e as suas mentes em Cristo Jesus." A prática da gratidão é um antídoto poderoso contra o medo e a insatisfação, pois nos ajuda a lembrar da fidelidade de Deus e a confiar que ele continuará cuidando de nós.

O medo também alimenta a insatisfação ao nos fazer esquecer quem somos em Cristo e a provisão que temos nele. Em vez de nos lembrarmos das promessas de Deus, permitimos que nossas preocupações momentâneas assumam o controle. No entanto, Isaías 41:10 nos oferece consolo: "Por isso não tema, pois estou com você; não tenha medo, pois sou o seu Deus. Eu o fortalecerei e o ajudarei; eu o segurarei com a minha mão direita vitoriosa." Essa verdade nos convida a descansar na presença e na força do Senhor, encontrando satisfação em saber que ele nunca nos abandona.

Superar o medo e a insatisfação requer uma mudança de foco: precisamos tirar os olhos das incertezas e colocá-los em Deus, que é fiel e imutável. Isso envolve confiar plenamente em suas promessas e entregar nossas preocupações a ele. Em Salmos 55:22, lemos: "Entregue suas preocupações ao Senhor, e ele o susterá; jamais permitirá que o justo venha a cair." Essa entrega nos liberta da carga de tentar controlar o futuro e nos permite viver com confiança, contentamento e esperança.

Este subtítulo nos convida a refletir: temos permitido que o medo alimente nossa insatisfação, ou estamos confiando no cuidado soberano de Deus? Que possamos renunciar ao medo e abraçar a paz e a satisfação que vêm de uma vida plenamente dependente do Senhor.

CONFIANÇA EM DEUS COMO ANTÍDOTO

A confiança em Deus é o antídoto para a ansiedade e o medo do futuro. Quando depositamos nossa fé no Senhor, encontramos paz e segurança, mesmo em meio às incertezas. A Bíblia nos exorta em Provérbios 3:5-6: "Confie no Senhor de todo o seu coração e não se apoie em seu próprio entendimento; reconheça o Senhor em todos os seus caminhos, e ele endireitará as suas veredas." Esse versículo nos lembra que a verdadeira confiança requer um abandono total de nossos esforços para controlar o futuro e uma entrega completa ao cuidado de Deus, que é soberano e bom.

Confiar em Deus não significa ignorar os desafios ou dificuldades, mas sim reconhecê-los enquanto descansamos na certeza de que ele está no controle. A história de Abraão exemplifica essa confiança. Quando Deus o chamou para sair de sua terra rumo a um lugar desconhecido, ele obedeceu, confiando na promessa de que Deus o guiaria e o abençoaria (Gênesis 12:1-4). Essa obediência demonstra que a confiança em Deus nos capacita a dar passos de fé, mesmo quando o caminho não está totalmente claro.

Além disso, a confiança em Deus nos liberta do peso da preocupação constante. Jesus nos ensina em Mateus 6:26-27: "Observem as aves do céu: não semeiam nem colhem nem armazenam em celeiros; contudo, o Pai celestial as alimenta. Não têm vocês muito mais valor do que elas? Quem de vocês, por mais que se preocupe, pode acrescentar uma hora que seja à sua vida?" Essa passagem nos desafia a abandonar a preocupação e a lembrar que nosso Pai celestial cuida de nós com amor e provisão.

A confiança em Deus também fortalece nossa fé em tempos de provação. Quando enfrentamos circunstâncias difíceis, nossa tendência natural é temer e duvidar. No entanto, Isaías 26:3 nos assegura: "Tu, Senhor, guardarás em perfeita paz aquele cujo propósito está firme, porque em ti confia." Essa paz, que excede o entendimento humano, é fruto de uma confiança inabalável no Senhor, que é fiel para cumprir suas promessas.

Praticar a confiança em Deus envolve uma entrega diária de nossos medos e preocupações a ele. Isso é feito por meio da oração e da meditação em sua Palavra, que nos lembram de sua fidelidade e cuidado. Em 1 Pedro 5:7, somos encorajados: "Lancem sobre ele toda a sua ansiedade, porque ele tem cuidado de vocês." Essa entrega nos permite experimentar liberdade e alegria, mesmo em meio às incertezas da vida.

Por fim, confiar em Deus nos ajuda a manter uma perspectiva eterna. Quando reconhecemos que nossa vida está nas mãos daquele que sustenta todas as coisas, nossas preocupações com o futuro perdem seu peso. Em Salmos 46:10, Deus nos diz: "Parem de lutar! Saibam que eu sou Deus!" Essa declaração nos convida a descansar em sua soberania e a viver com a certeza de que ele está no controle de tudo.

Este subtítulo nos chama a refletir: estamos confiando plenamente em Deus como nosso refúgio e antídoto para a ansiedade? Que possamos abandonar o fardo do medo e encontrar descanso na certeza de que Deus é fiel e cuida de cada detalhe de nossas vidas.

DESCANSANDO NAS PROMESSAS DIVINAS

Descansar nas promessas de Deus é um ato de fé que traz paz e esperança em meio às incertezas da vida. As Escrituras estão repletas de promessas que nos asseguram do cuidado, da provisão e da fidelidade do Senhor. Quando escolhemos crer nessas promessas, somos libertos da ansiedade e do medo do futuro. Em 2 Coríntios 1:20, Paulo afirma: "Pois quantas forem as promessas feitas por Deus, todas têm em Cristo o sim. Por isso, por meio dele, o 'amém' é pronunciado por nós para a glória de Deus." Essa certeza nos convida a confiar que Deus cumprirá cada palavra que declarou.

As promessas divinas não são meras palavras de conforto; elas são fundamentos sólidos para nossa fé. Em Isaías 41:10, Deus diz: "Por isso não tema, pois estou com você; não tenha medo, pois sou o seu Deus. Eu o fortalecerei e o ajudarei; eu o segurarei com a minha mão direita vitoriosa." Essa promessa de presença e ajuda nos encoraja a enfrentar qualquer desafio, sabendo que Deus está ao nosso lado. Quando descansamos nessa verdade, somos capacitados a viver com coragem e confiança, mesmo diante das dificuldades.

Descansar nas promessas divinas também nos ajuda a manter uma perspectiva correta sobre o tempo. Muitas vezes, a ansiedade surge porque queremos respostas imediatas, mas Deus trabalha em seu próprio tempo e modo. Abraão é um exemplo de alguém que descansou nas promessas de Deus, mesmo quando os anos se passaram sem que ele visse o cumprimento imediato. Em Hebreus 6:15, lemos: "E assim, depois de esperar pacientemente, Abraão alcançou a promessa." Essa paciência e confiança no tempo de Deus nos ensinam a esperar com esperança, sabendo que ele é fiel.

Além disso, as promessas de Deus nos sustentam em momentos de fraqueza e cansaço. Em Mateus 11:28-29, Jesus nos convida: "Venham a mim, todos os que estão cansados e sobrecarregados, e eu lhes darei descanso. Tomem sobre vocês o meu jugo e aprendam de mim, pois sou manso e humilde de coração, e vocês encontrarão descanso para as suas almas." Esse convite nos lembra que, ao entregar nossos fardos ao Senhor e confiar em suas promessas, encontramos o descanso que nossa alma tanto necessita.

Por fim, descansar nas promessas divinas nos conduz a uma vida de contentamento e gratidão. Quando nos ancoramos na Palavra de Deus, nossos corações são fortalecidos e nossa visão é transformada. Filipenses 4:19 nos assegura: "O meu Deus suprirá todas as necessidades de vocês, de acordo com as suas gloriosas riquezas em Cristo Jesus." Essa confiança nos permite viver com um coração grato, sabendo que, independentemente das circunstâncias, Deus sempre suprirá o que precisamos.

Este subtítulo nos desafia a refletir: temos realmente descansado nas promessas de Deus, ou estamos permitindo que a ansiedade roube nossa paz? Que possamos confiar plenamente em seu caráter fiel, descansando em sua Palavra e vivendo na segurança de que suas promessas nunca falham.

CAPÍTULO 9

ENCONTRANDO PLENITUDE EM CRISTO

A busca por plenitude é uma jornada que todos enfrentam em algum momento da vida. Muitos procuram preenchê-la em bens materiais, realizações pessoais, relacionamentos ou até mesmo em religiões. Contudo, a verdadeira plenitude só pode ser encontrada em Cristo. Ele é a fonte que nunca seca, a resposta para os anseios mais profundos da alma. Em João 10:10, Jesus declara: "Eu vim para que tenham vida, e a tenham plenamente." Essa promessa nos convida a abandonar as buscas infrutíferas por satisfação e a mergulhar na abundância que ele oferece.

Encontrar plenitude em Cristo significa viver em comunhão com ele, permitindo que seu amor, graça e verdade preencham cada aspecto de nossa existência. Essa plenitude não depende de circunstâncias externas, mas de uma relação íntima e constante com o Salvador. Em Colossenses 2:9-10, Paulo afirma: "Pois em Cristo habita corporalmente toda a plenitude da divindade, e, por estarem nele, que é o Cabeça de todo poder e autoridade, vocês receberam a plenitude." Esse versículo nos lembra que, em Cristo, temos acesso a tudo o que precisamos para viver uma vida significativa e abundante.

Neste capítulo, exploraremos como a plenitude em Cristo transforma nossa perspectiva, nossas prioridades e nossa maneira de viver. Veremos que, ao nos entregarmos completamente a ele, encontramos contentamento, propósito e alegria que jamais poderiam ser alcançados por meios terrenos. Que esta reflexão nos conduza a um relacionamento mais profundo com Cristo, permitindo que sua plenitude molde e preencha cada área de nossas vidas.

A FONTE DE ÁGUA VIVA

A imagem de Cristo como a fonte de água viva é uma das mais poderosas e significativas nas Escrituras. Em João 4:13-14, Jesus declara à mulher samaritana: "Quem beber desta água terá sede outra vez, mas quem beber da água que eu lhe der nunca mais terá sede. Pelo contrário, a água que eu lhe der se tornará nele uma fonte de água a jorrar para a vida eterna." Essas palavras nos revelam que Jesus é a única fonte capaz de satisfazer plenamente a sede espiritual da alma humana. Enquanto o mundo oferece soluções temporárias, Cristo oferece um suprimento eterno de vida, paz e propósito.

A água viva que Cristo nos oferece não apenas sacia, mas também transforma. Ela purifica, renova e traz vigor espiritual. Em Isaías 55:1, Deus convida: "Venham, todos vocês que estão com sede, venham às águas." Essa chamada demonstra que, independente de nossa condição ou passado, todos são bem-vindos a beber da fonte de vida que é Cristo. É um convite à reconciliação, à restauração e à comunhão com o Criador, que nos garante a plenitude que não encontramos em lugar algum.

A mulher samaritana, ao encontrar Jesus junto ao poço, representa a humanidade em sua busca por algo que preencha o vazio interior. Ela havia procurado satisfação em relacionamentos e na aceitação dos outros, mas sua alma permanecia sedenta. Quando Jesus se apresentou como a fonte de água viva, sua perspectiva mudou, e ela experimentou uma transformação que a levou a compartilhar essa nova esperança com outros (João 4:28-30). Essa história nos ensina que a verdadeira plenitude não está em buscar nas cisternas quebradas do mundo, mas em beber da fonte inesgotável que é Cristo.

Além disso, a água viva de Cristo nos capacita a enfrentar os desertos da vida. Em tempos de sequidão espiritual, de provações e desafios, sua presença nos sustenta e renova nossas forças. O salmista expressa essa verdade em Salmos 42:1-2: "Como a corça anseia por águas correntes, a minha alma anseia por ti, ó Deus. A minha alma tem sede de Deus, do Deus vivo." Esse anseio é atendido quando nos aproximamos de Cristo, permitindo que ele preencha cada vazio e restaure nossa alma cansada.

Por fim, a água viva que recebemos de Cristo não é apenas para nosso benefício, mas também para ser compartilhada. Quando estamos cheios de sua plenitude, nos tornamos fontes que levam vida e esperança a outros. Em João 7:38, Jesus afirma: "Quem crer em mim, como diz a Escritura, do seu interior fluirão rios de água viva." Esse transbordar é uma evidência de que estamos conectados à fonte e que seu amor e graça fluem através de nós para impactar o mundo ao nosso redor.

Este subtítulo nos convida a refletir: estamos buscando plenitude em fontes que se esgotam, ou estamos bebendo da água viva que Cristo oferece? Que possamos nos aproximar dele diariamente, permitindo que sua vida e presença transformem e renovem nossa alma, trazendo verdadeira satisfação e alegria.

A SUFICIÊNCIA DA GRAÇA DIVINA

A graça de Deus é um dos maiores dons que podemos experimentar. Ela não apenas nos salva, mas também nos sustenta e capacita a viver em plenitude. A suficiência da graça divina significa que, em todas as circunstâncias, temos em Deus tudo o que precisamos. Em 2 Coríntios 12:9, o Senhor disse a Paulo: "Minha graça é suficiente para você, pois o meu poder se aperfeiçoa na fraqueza." Esse versículo nos lembra que, mesmo em nossas limitações e dificuldades, a graça de Deus é capaz de suprir completamente nossas necessidades.

A graça divina nos liberta do peso de tentar alcançar a perfeição ou merecer o amor de Deus. Ela nos assegura que somos aceitos não por nossas obras, mas pelo sacrifício de Cristo na cruz. Em Efésios 2:8-9, Paulo declara: "Pois vocês são salvos pela graça, por meio da fé, e isto não vem de vocês, é dom de Deus; não por obras, para que ninguém se glorie." Essa verdade nos livra da ansiedade de tentar agradar a Deus com nossos próprios esforços e nos convida a descansar na suficiência de sua graça, que nos transforma e nos dá força para viver de acordo com sua vontade.

A suficiência da graça também nos capacita a enfrentar os desafios da vida com coragem e confiança. Muitas vezes, enfrentamos situações que parecem estar além de nossa capacidade, mas é nesse momento que a graça de Deus se manifesta de forma mais poderosa. Em Hebreus 4:16, somos encorajados: "Assim, aproximemo-nos do trono da graça com toda a confiança, para que recebamos misericórdia e encontremos graça que nos ajude no momento da necessidade." Esse acesso constante à graça nos dá a segurança de que, independentemente do que enfrentarmos, Deus estará conosco, suprindo nossas necessidades.

Além disso, a graça divina nos dá força para perdoar e amar os outros, mesmo em situações difíceis. Assim como recebemos graça imerecida de Deus, somos chamados a estendê-la aos outros. Em Colossenses 3:13, lemos: "Suportem-se uns aos outros e perdoem as queixas que tiverem uns contra os outros. Perdoem como o Senhor lhes perdoou." A graça nos transforma de dentro para fora, moldando nosso caráter à imagem de Cristo e nos capacitando a viver em paz e harmonia com os outros.

Por fim, a suficiência da graça divina nos aponta para a plenitude que teremos na eternidade. Embora experimentemos a graça aqui e agora, ela é apenas uma antecipação da gloriosa realidade que nos espera na presença de Deus. Em Apocalipse 21:6, o Senhor diz: "Está feito! Eu sou o Alfa e o Ômega, o princípio e o fim. A quem tiver sede darei de graça da fonte da água da vida." Essa promessa nos lembra que a graça de Deus não tem fim e que, em Cristo, encontramos tudo o que precisamos para viver em comunhão com ele para sempre.

Este subtítulo nos desafia a refletir: estamos vivendo na suficiência da graça de Deus ou ainda tentando depender de nossas próprias forças? Que possamos descansar plenamente em sua graça, confiando que ela é suficiente para nos sustentar, transformar e nos conduzir a uma vida de verdadeira plenitude em Cristo.

CAMINHANDO EM CONTENTAMENTO E GRATIDÃO

Contentamento e gratidão são pilares fundamentais para experimentar plenitude em Cristo. Em um mundo que constantemente nos incentiva a querer mais e a buscar satisfação em coisas externas, aprender a estar contente é uma demonstração de fé e maturidade espiritual. O apóstolo Paulo nos ensina em Filipenses 4:11-12: "Aprendi a adaptar-me a toda e qualquer circunstância. Sei o que é passar necessidade e sei o que é ter fartura. Aprendi o segredo de viver contente em toda e qualquer situação." Esse segredo está na confiança plena de que Deus é suficiente, independente das circunstâncias.

O contentamento em Cristo não significa complacência ou ausência de ambição saudável, mas sim uma postura de confiança e descanso em Deus. É reconhecer que, em sua sabedoria e bondade, ele provê tudo o que precisamos no momento certo. Essa perspectiva nos liberta da constante insatisfação que surge ao compararmos nossa vida com a dos outros. Em 1 Timóteo 6:6-8, Paulo nos lembra: "De fato, a piedade com contentamento é grande fonte de lucro, pois nada trouxemos para este mundo e dele nada podemos levar. Por isso, tendo o que comer e com que vestir-nos, estejamos com isso satisfeitos." Essa simplicidade de coração nos ajuda a valorizar o que temos e a reconhecer a mão de Deus em cada detalhe.

A gratidão, por sua vez, é a chave para cultivar um espírito de contentamento. Quando agradecemos a Deus por suas bênçãos, mesmo as pequenas, somos lembrados de sua fidelidade e bondade. Em 1 Tessalonicenses 5:18, Paulo nos exorta: “Deem graças em todas as circunstâncias, pois esta é a vontade de Deus para vocês em Cristo Jesus.” Esse versículo nos ensina que a gratidão não deve depender de situações favoráveis, mas deve ser uma atitude constante, refletindo nossa confiança de que Deus está sempre trabalhando para o nosso bem.

Caminhar em contentamento e gratidão transforma nossa perspectiva em relação às dificuldades e provações. Em vez de nos focarmos no que nos falta, somos encorajados a olhar para o que Deus já fez e continua fazendo. Essa mudança de foco nos permite enfrentar os desafios com esperança e força. Romanos 8:28 nos assegura: “Sabemos que Deus age em todas as coisas para o bem daqueles que o amam, dos que foram chamados de acordo com o seu propósito.” Essa promessa nos lembra que, mesmo nas adversidades, podemos encontrar razões para sermos gratos e confiantes.

Além disso, contentamento e gratidão nos ajudam a construir relacionamentos mais saudáveis e significativos. Quando estamos satisfeitos em Cristo, somos menos propensos a buscar nos outros aquilo que apenas Deus pode oferecer. Isso nos permite amar e servir com sinceridade, sem expectativas irreais. A gratidão, por sua vez, fortalece nossos laços com as pessoas ao nosso redor, pois nos ensina a valorizar suas presenças e contribuições em nossa vida.

Este subtítulo nos desafia a refletir: estamos vivendo em contentamento e gratidão, reconhecendo que Cristo é suficiente, ou estamos permitindo que a insatisfação roube nossa paz? Que possamos aprender a caminhar com um coração grato, encontrando alegria em cada momento e descansando na certeza de que, em Cristo, temos tudo o que precisamos para uma vida plena e abundante.

A ALEGRIA DE SER COMPLETO EM DEUS

Ser completo em Deus é experimentar uma alegria que transcende circunstâncias, expectativas humanas e até mesmo as limitações deste mundo. Essa completude não está baseada em conquistas, bens materiais ou relacionamentos, mas na certeza de que em Deus encontramos tudo o que precisamos para viver plenamente. Em Colossenses 2:9-10, Paulo afirma: "Pois em Cristo habita corporalmente toda a plenitude da divindade, e, por estarem nele, que é o Cabeça de todo poder e autoridade, vocês receberam a plenitude." Esse versículo nos lembra que, ao estarmos em Cristo, já possuímos a totalidade daquilo que dá sentido e propósito à nossa existência.

A alegria de ser completo em Deus começa com a reconciliação que ele nos oferece por meio de Cristo. Antes, estávamos separados dele, buscando em coisas passageiras aquilo que só ele pode dar. Mas, pela graça, fomos restaurados e recebemos uma nova identidade. Em 2 Coríntios 5:17, lemos: "Se alguém está em Cristo, é nova criação. As coisas antigas já passaram; eis que surgiram coisas novas!" Essa nova vida em Cristo nos permite desfrutar de uma paz e uma satisfação que o mundo não pode oferecer.

Além disso, a completude em Deus nos dá liberdade. Quando sabemos que ele é suficiente, somos libertos da necessidade de buscar validação em fontes externas. A alegria de ser completo em Deus nos ajuda a resistir à tentação de basear nosso valor em realizações, status ou aprovação alheia. Em Salmos 16:11, o salmista declara: "Tu me farás conhecer a vereda da vida, a alegria plena da tua presença, eterno prazer à tua direita." Essa presença divina é o alicerce de uma alegria inabalável, mesmo diante de adversidades.

A completude em Deus também transforma nosso relacionamento com o próximo. Quando estamos plenos em Cristo, podemos amar e servir de maneira genuína, sem esperar que outros preencham nossas carências emocionais ou espirituais. Isso nos permite construir relacionamentos mais saudáveis e edificantes, onde o foco não é o que podemos receber, mas o que podemos oferecer. Jesus nos ensina em João 15:9-11: "Assim como o Pai me amou, eu os amei; permaneçam no meu amor. Tenho lhes dito estas palavras para que a minha alegria esteja em vocês e a alegria de vocês seja completa."

Por fim, ser completo em Deus nos dá esperança para o futuro. Sabemos que, independentemente das dificuldades presentes, estamos caminhando para a plenitude definitiva na eternidade com ele. Apocalipse 21:4 nos dá uma visão dessa promessa: "Ele enxugará dos seus olhos toda lágrima. Não haverá mais morte, nem tristeza, nem choro, nem dor, pois a antiga ordem já passou." Essa perspectiva eterna nos fortalece a viver com gratidão e confiança, sabendo que a verdadeira alegria e completude estão asseguradas em Cristo.

Este subtítulo nos desafia a refletir: estamos buscando nossa completude em Deus, ou ainda tentamos encontrá-la em fontes temporárias? Que possamos reconhecer que somente em Cristo somos verdadeiramente completos, experimentando a alegria e a paz que vêm de uma vida centrada nele.

CAPÍTULO 10

A SATISFAÇÃO ETERNA

A ideia de satisfação eterna é um convite para olharmos além das limitações do presente e focarmos naquilo que é eterno. Enquanto vivemos em um mundo marcado por mudanças, perdas e imperfeições, a promessa da satisfação eterna nos dá esperança e propósito. Essa satisfação não é temporária ou dependente de circunstâncias externas, mas está enraizada na presença de Deus e no cumprimento de seu plano para a humanidade. Em Salmos 17:15, o salmista declara: "Quanto a mim, feita a justiça, verei a tua face; quando despertar, ficarei satisfeito ao ver a tua semelhança." Essa expectativa nos aponta para um futuro em que todas as nossas necessidades e anseios serão plenamente atendidos em Deus.

A satisfação eterna é uma das maiores promessas do evangelho. Jesus nos assegura em João 14:2-3: "Na casa de meu Pai há muitos aposentos; se não fosse assim, eu lhes teria dito. Vou preparar-lhes lugar. E se eu for e lhes preparar lugar, voltarei e os levarei para mim, para que vocês estejam onde eu estiver." Essa garantia nos lembra que a verdadeira satisfação está em estar com Cristo, desfrutando de sua presença e de sua glória por toda a eternidade. Esse pensamento nos ajuda a viver com esperança e perseverança, sabendo que as provações e insatisfações deste mundo são temporárias.

Neste capítulo, exploraremos o que significa encontrar satisfação eterna em Deus, como essa promessa impacta nossa vida hoje e como podemos viver em antecipação dessa realidade futura. Que esta reflexão fortaleça nossa fé e nos encoraje a buscar, não as coisas passageiras deste mundo, mas os tesouros eternos que Deus tem reservado para aqueles que o amam.

O FIM DO VAZIO

O vazio que tantas pessoas sentem na alma é uma consequência direta da separação de Deus. Desde a queda de Adão, a humanidade tem buscado preencher esse vazio com conquistas, relacionamentos, posses e prazeres, mas nada disso é suficiente. Apenas em Cristo encontramos o verdadeiro preenchimento. Ele é a resposta para o anseio mais profundo do coração humano, aquele desejo de pertencimento e significado que nada neste mundo pode suprir. Em João 6:35, Jesus declarou: "Eu sou o pão da vida. Aquele que vem a mim nunca terá fome; aquele que crê em mim nunca terá sede." Esse convite nos aponta para o fim definitivo do vazio: uma vida plenamente satisfeita em Cristo.

O vazio espiritual é caracterizado por uma inquietação constante, uma busca interminável por algo que dê sentido à vida. O exemplo de Salomão em Eclesiastes é emblemático. Ele experimentou de tudo – riquezas, prazeres, sabedoria e poder –, mas concluiu: "Tudo é vaidade, é correr atrás do vento" (Eclesiastes 1:14). Sua experiência nos ensina que nada deste mundo pode preencher o espaço que foi criado para Deus. Esse vazio só termina quando reconhecemos que fomos feitos para estar em comunhão com nosso Criador.

O fim do vazio é uma promessa que Deus nos faz. Em Apocalipse 21:3-4, lemos: "Ouvi uma forte voz que vinha do trono e dizia: agora o tabernáculo de Deus está com os homens, com os quais ele viverá. Eles serão os seus povos; o próprio Deus estará com eles e será o seu Deus. Ele enxugará dos seus olhos toda lágrima. Não haverá mais morte, nem tristeza, nem choro, nem dor, pois a antiga ordem já passou." Esse é o destino daqueles que confiam em Cristo: uma eternidade na presença de Deus, onde toda dor e vazio serão completamente eliminados.

Além disso, o fim do vazio começa aqui e agora, quando nos rendemos a Cristo e permitimos que ele reine em nosso coração. A paz que ele oferece não é como a que o mundo dá, mas uma paz que preenche e transforma. Em João 14:27, Jesus nos assegura: "Deixo-lhes a paz; a minha paz lhes dou. Não a dou como o mundo a dá. Não se perturbem os seus corações, nem tenham medo." Essa paz nos capacita a viver com propósito e alegria, mesmo em meio às dificuldades, pois sabemos que nosso vazio foi preenchido por aquele que é a fonte da vida.

Para experimentar o fim do vazio, é necessário abandonar as falsas fontes de satisfação e voltar-se completamente para Deus. Isso envolve um arrependimento sincero e uma entrega total a ele. Em Salmos 23:1, Davi declara: "O Senhor é o meu pastor; de nada terei falta." Essa confiança plena no cuidado de Deus é a chave para viver uma vida plena e satisfeita, sem as angústias e frustrações que o vazio traz.

Este subtítulo nos convida a refletir: temos buscado preencher o vazio com coisas temporárias, ou temos encontrado nossa satisfação em Deus? Que possamos nos voltar para Cristo, permitindo que ele preencha cada canto de nossa alma e nos conduza a uma vida de paz, alegria e propósito eterno.

TESOUROS NO CÉU E NÃO NA TERRA

Jesus nos instruiu a focar nossos corações no que é eterno, em vez de investir nossas vidas em tesouros temporários que podem ser perdidos. Em Mateus 6:19-21, ele ensina: "Não acumulem para vocês tesouros na terra, onde a traça e a ferrugem destroem, e onde os ladrões arrombam e furtam. Mas acumulem para vocês tesouros no céu, onde a traça e a ferrugem não destroem, e onde os ladrões não arrombam nem furtam. Pois onde estiver o seu tesouro, aí também estará o seu coração." Esse ensinamento nos chama a reavaliar nossas prioridades e a concentrar nossos esforços em coisas que têm valor eterno.

Os tesouros terrenos, embora possam trazer satisfação momentânea, são incertos e perecíveis. Riquezas materiais, status e conquistas pessoais são facilmente corroídos pelo tempo e pelas circunstâncias. Salomão, que possuía mais riqueza e sabedoria do que qualquer outro rei, reconheceu a futilidade de tais tesouros. Em Eclesiastes 5:10, ele afirmou: "Quem ama o dinheiro jamais terá o suficiente; quem ama as riquezas jamais ficará satisfeito com a sua renda." Essa realidade nos mostra que, quanto mais buscamos satisfação em bens terrenos, mais nos tornamos insatisfeitos e presos a um ciclo de ansiedade e frustração.

Por outro lado, acumular tesouros no céu significa investir em um relacionamento profundo com Deus e viver de acordo com seus propósitos. Esses tesouros são incorruptíveis e nos acompanham para a eternidade. Em 1 Timóteo 6:17-19, Paulo aconselha: "Ordene aos que são ricos no presente mundo que não sejam arrogantes nem ponham sua esperança na incerteza da riqueza, mas em Deus, que de tudo nos provê ricamente para a nossa satisfação. Ordene-lhes que pratiquem o bem, sejam ricos em boas obras, generosos e prontos a repartir. Dessa forma, acumularão um tesouro para si mesmos, um firme fundamento para a era que há de vir, e assim alcançarão a verdadeira vida." Esse investimento eterno inclui servir aos outros, compartilhar o amor de Cristo e buscar o Reino de Deus acima de tudo.

Acumular tesouros no céu também nos ajuda a desenvolver uma perspectiva correta sobre as provações e desafios da vida. Quando nosso coração está focado no eterno, somos fortalecidos para enfrentar dificuldades com esperança e perseverança. Em Romanos 8:18, Paulo escreve: "Considero que os nossos sofrimentos atuais não podem ser comparados com a glória que em nós será revelada." Essa esperança nos permite viver com propósito, sabendo que cada ato de fé e obediência tem valor eterno.

Por fim, focar nos tesouros celestiais nos liberta do peso de buscar validação ou sucesso aos olhos do mundo. Quando vivemos para agradar a Deus, encontramos verdadeira satisfação e liberdade. Em Colossenses 3:2, Paulo nos exorta: "Mantenham o pensamento nas coisas do alto, e não nas coisas terrenas." Essa mentalidade nos ajuda a manter o coração firme em Deus, confiando que ele é suficiente para nos preencher.

Este subtítulo nos desafia a refletir: temos investido nosso tempo e recursos em tesouros terrenos ou temos buscado o que é eterno? Que possamos ajustar nossas prioridades, vivendo para acumular tesouros no céu e experimentando a verdadeira satisfação que vem de uma vida dedicada ao Senhor.

A ESPERANÇA QUE NÃO DECEPCIONA

A esperança em Cristo é uma âncora firme e segura para a alma, uma fonte de conforto e força em meio às incertezas da vida. Diferente das esperanças terrenas, que frequentemente nos deixam frustrados ou insatisfeitos, a esperança em Deus nunca decepciona. Em Romanos 5:5, Paulo declara: "E a esperança não nos decepciona, porque Deus derramou seu amor em nossos corações, por meio do Espírito Santo que ele nos concedeu." Essa afirmação nos lembra que nossa esperança está fundamentada no caráter imutável de Deus e em suas promessas eternas.

A esperança que não decepciona é alimentada pela certeza da fidelidade de Deus. Ao longo das Escrituras, vemos como ele cumpriu suas promessas a seu povo, mesmo em situações aparentemente impossíveis. Abraão, por exemplo, manteve sua esperança firme, mesmo quando as circunstâncias pareciam contrárias. Em Hebreus 6:18-19, lemos: "Para que, por meio de duas coisas imutáveis, nas quais é impossível que Deus minta, sejamos firmemente encorajados, nós que nos refugiamos nele para tomar posse da esperança a nós proposta. Temos esta esperança como âncora da alma, firme e segura." Essa âncora nos sustenta em tempos de adversidade e nos dá confiança de que Deus é fiel para cumprir o que prometeu.

Além disso, a esperança em Cristo transforma nossa perspectiva sobre o presente e o futuro. Enquanto as esperanças terrenas são limitadas pelo tempo e pelas circunstâncias, a esperança em Deus é eterna e transcende as realidades temporais. Em 2 Coríntios 4:17-18, Paulo nos encoraja: "Pois os nossos sofrimentos leves e momentâneos estão produzindo para nós uma glória eterna que pesa mais do que todos eles. Assim, fixamos os olhos, não naquilo que se vê, mas no que não se vê, pois o que se vê é transitório, mas o que não se vê é eterno." Essa esperança nos dá força para perseverar e nos lembra que nossas lutas atuais não se comparam com a glória que nos espera.

A esperança em Deus também traz paz e alegria, mesmo em meio às provações. Quando confiamos plenamente em seu plano e cuidado, somos libertos do peso da ansiedade e do desespero. Em Salmos 42:11, o salmista declara: "Por que você está assim tão triste, ó minha alma? Por que está tão perturbada dentro de mim? Ponha a sua esperança em Deus! Pois ainda o louvarei; ele é o meu Salvador e o meu Deus." Essa confiança nos permite enfrentar cada dia com coragem, sabendo que nossa esperança está firmada em algo inabalável.

Por fim, a esperança que não decepciona nos convida a viver com propósito e expectativa. Ela nos lembra que nossa vida aqui é temporária e que um futuro glorioso nos aguarda na presença de Deus. Em Apocalipse 21:4, lemos a promessa final: "Ele enxugará dos seus olhos toda lágrima. Não haverá mais morte, nem tristeza, nem choro, nem dor, pois a antiga ordem já passou." Essa esperança nos enche de alegria e nos dá forças para perseverar em nossa caminhada, sabendo que o melhor ainda está por vir.

Este subtítulo nos convida a refletir: estamos firmando nossa esperança em coisas passageiras ou na promessa eterna de Deus? Que possamos depositar toda a nossa confiança nele, vivendo com a certeza de que sua esperança nunca falha e sempre nos conduzirá à verdadeira satisfação e alegria eterna.

O PRAZER ETERNO NA PRESENÇA DE DEUS

O maior prazer que o ser humano pode experimentar é estar na presença de Deus. Esse prazer não é passageiro ou circunstancial; ele é eterno e completamente satisfatório. O salmista expressa essa verdade em Salmos 16:11: "Tu me farás conhecer a vereda da vida, a alegria plena da tua presença, eterno prazer à tua direita." Essa declaração nos mostra que, na presença de Deus, encontramos alegria completa e satisfação duradoura, muito além do que qualquer coisa terrena pode oferecer.

O prazer eterno na presença de Deus é a realização final de nossa jornada espiritual. Desde a criação, fomos feitos para viver em comunhão com nosso Criador, mas o pecado quebrou essa relação. No entanto, através de Cristo, temos acesso novamente à presença de Deus e podemos desfrutar de sua plenitude. Em Efésios 2:13, Paulo escreve: "Mas agora, em Cristo Jesus, vocês, que antes estavam longe, foram aproximados mediante o sangue de Cristo." Essa proximidade restaura o propósito original da criação: viver em intimidade com Deus e encontrar nele o prazer supremo.

Esse prazer não é apenas reservado para a eternidade; ele começa aqui e agora, à medida que buscamos a Deus em oração, adoração e meditação em sua Palavra. Quando nos deleitamos nele, nossas almas são renovadas e fortalecidas. Em Salmos 37:4, lemos: "Deleite-se no Senhor, e ele atenderá aos desejos do seu coração." Esse deleite nos ensina a colocar nossas prioridades em Deus, reconhecendo que ele é a fonte de toda verdadeira alegria e realização.

O prazer eterno na presença de Deus também nos prepara para enfrentar os desafios e sofrimentos da vida com esperança. Sabemos que, independentemente das circunstâncias presentes, há um destino glorioso nos esperando. Em Apocalipse 22:3-4, somos lembrados da promessa final: "Nunca mais haverá maldição. O trono de Deus e do Cordeiro estará na cidade, e os seus servos o servirão. Eles verão a sua face, e o nome dele estará em suas testas." Esse vislumbre da eternidade nos dá forças para perseverar e nos lembra que nosso verdadeiro lar é na presença de Deus.

Por fim, o prazer eterno na presença de Deus nos chama a compartilhar essa alegria com os outros. Quando experimentamos a plenitude de sua presença, somos compelidos a convidar outros a também conhecerem esse prazer. Jesus nos comissiona em Mateus 28:19-20 a fazer discípulos de todas as nações, ensinando-os a obedecer tudo o que ele ordenou. Esse chamado nos lembra que o prazer eterno de estar com Deus não é apenas um presente para nós, mas uma mensagem de esperança para o mundo.

Este subtítulo nos convida a refletir: estamos buscando nosso prazer em coisas temporárias ou na presença eterna de Deus? Que possamos viver cada dia com os olhos fixos em Cristo, desfrutando da alegria de sua presença agora e antecipando a plenitude de seu prazer eterno na glória.

Conclusão

Chegamos ao final, mas o aprendizado e a transformação apenas começaram. Ao longo das páginas, você foi desafiado a confrontar as raízes da insatisfação e a buscar em Deus a resposta para os anseios mais profundos do seu coração. Agora, resta a pergunta: o que você fará com tudo o que aprendeu?

A plenitude em Cristo não é um estado alcançado de forma passiva; é uma caminhada diária de entrega, confiança e comunhão. Cada desafio enfrentado, cada promessa crida, cada passo dado na direção do Senhor o conduz a uma vida de contentamento e alegria eterna. Deus não nos chama para uma existência medíocre, mas para experimentar o melhor que ele tem para oferecer – uma vida cheia de significado, propósito e satisfação que transcende as circunstâncias.

Este é o momento de aplicar essas verdades. Deixe que elas moldem sua visão, suas escolhas e seus relacionamentos. Busque acumular tesouros no céu, confie nas promessas divinas e encontre prazer na presença do Senhor. Não permita que as distrações e pressões deste mundo desviem seu foco do que realmente importa. Em Cristo, você já tem tudo o que precisa para viver de forma plena e abundante.

Que este livro seja apenas o início que o conduza mais perto de Deus. Levante-se com confiança e viva com esperança, sabendo que o vazio foi preenchido e que a verdadeira satisfação está assegurada. A vida em plenitude o aguarda – siga em frente e desfrute do melhor que Deus preparou para você.